人生大学讲堂书系

人生大学榜样讲堂

时代先驱的求索道路

SHIDAIXIANQU DE QIUSUO DAOLU

拾月 主编

主　编：拾　月
副主编：王洪锋　卢丽艳
编　委：张　帅　车　坤　丁　辉
　　　　李　丹　贾宇墨

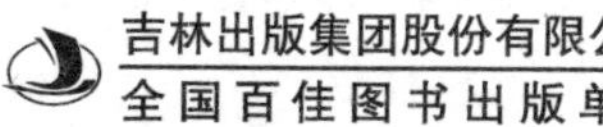

吉林出版集团股份有限公司
全国百佳图书出版单位

图书在版编目（CIP）数据

时代先驱的求索道路 / 拾月主编. -- 长春 : 吉林出版集团股份有限公司, 2016.2（2022.4重印）
（人生大学讲堂书系）
ISBN 978-7-5581-0726-9

Ⅰ. ①时… Ⅱ. ①拾… Ⅲ. ①人物－生平事迹－世界－青少年读物 Ⅳ. ①K811-49

中国版本图书馆CIP数据核字（2016）第041358号

SHIDAIXIANQU DE QIUSUO DAOLU

时代先驱的求索道路

主　　编　拾　月
副 主 编　王洪锋　卢丽艳
责任编辑　杨亚仙
装帧设计　刘美丽

出　　版　吉林出版集团股份有限公司
发　　行　吉林出版集团社科图书有限公司
地　　址　吉林省长春市南关区福祉大路5788号　邮编：130118
印　　刷　鸿鹄（唐山）印务有限公司
电　　话　0431-81629712（总编办）　0431-81629729（营销中心）
抖 音 号　吉林出版集团社科图书有限公司 37009026326

开　　本　710 mm × 1000 mm　1 / 16
印　　张　12
字　　数　200 千字
版　　次　2016 年 3 月第 1 版
印　　次　2022 年 4 月第 2 次印刷

书　　号　ISBN 978-7-5581-0726-9
定　　价　36.00 元

"人生大学讲堂书系"总前言

昙花一现，把耀眼的美只定格在了一瞬间，无数的努力、无数的付出只为这一个宁静的夜晚；蚕蛹在无数个黑夜中默默地等待，只为了有朝一日破茧成蝶，完成生命的飞跃。人生也一样，短暂却也耀眼。

每一个生命的诞生，都如摊开一张崭新的图画。岁月的年轮在四季的脚步中增长，生命在一呼一吸间得到升华。随着时间的推移，我们渐渐成长，对人生有了更深刻的认识：人的一生原来一直都在不停地学习。学习说话、学习走路、学习知识、学习为人处世……"活到老，学到老"远不是说说那么简单。

有梦就去追，永远不会觉得累。——假若你是一棵小草，即使没有花儿的艳丽，大树的强壮，但是你却可以为大地穿上美丽的外衣。假若你是一条无名的小溪，即使没有大海的浩瀚，大江的奔腾，但是你可以汇成浩浩荡荡的江河。人生也是如此，即使你是一个不出众的人，但只要你不断学习，坚持不懈，就一定会有流光溢彩之日。邓小平曾经说过："我没有上过大学，但我一向认为，从我出生那天起，就在上着人生这所大学。它没有毕业的一天，直到去见上帝。"

人生在世，需要目标、追求与奋斗；需要尝尽苦辣酸甜；需要在失败后汲取经验。俗话说，"不经历风雨，怎能见彩虹"，人生注定要九转曲折，没有谁的一生是一帆风顺的。生命中每一个挫折的降临，都是命运驱使你重新开始的机会，让你有朝一日苦尽甘来。每个人都曾遭受过打击与嘲讽，但人生都会有收获时节，你最终还是会奏响生命的乐章，唱出自己最美妙的歌！

正所谓，“失败是成功之母”。在漫长的成长路途中，我们都会经历无数次磨炼。但是，我们不能气馁，不能向失败认输。那样的话，就等于抛弃了自己。我们应该一往无前，怀着必胜的信念，迎接成功那一刻的辉煌……

感悟人生，我们应该懂得面对，这样人生才不会失去勇气……

感悟人生，我们应该知道乐观，这样生活才不会失去希望……

感悟人生，我们应该学会智慧，这样在社会上才不会迷失……

本套“人生大学讲堂书系”分别从“人生大学活法讲堂”“人生大学名人讲堂”“人生大学榜样讲堂”“人生大学知识讲堂”四个方面，以人生的真知灼见去诠释人生大学这个主题的寓意和内涵，让每个人都能够读完“人生的大学”，成为一名“人生大学”的优等生，使每个人都能够创造出生命中的辉煌，让人生之花耀眼绚丽地绽放！

作为新时代的青年人，终究要登上人生大学的顶峰，打造自己的一片蓝天，像雄鹰一样展翅翱翔！

人生大学榜样讲堂丛书前言

生命如夏花般多彩绚丽，生活如山峦般催人攀登。历史的钟声在新世纪的节奏中激荡，成功的号角为有准备的人而吹响，稚嫩的新苗还需要汲取更多的阳光雨露，而榜样，正是新时代青年成长的指引，积聚力量的源泉。

时光暗淡了岁月的影子，却定格了幸福的记忆；历史风华了沧桑的背影，却铭记了伟人的足迹；时代没有挽留踟蹰的过去，却留住了奋进的力量。面对挑战，面对希望，面对成功，每一个饱含激情的青少年都会跳动着时代的最强音符，释放出自己的全部能量。但在很多时候，智者的提醒，成功者的引导，都会成为我们前进道路上的捷径。因为他们曾用一往无前的坚持，丈量出生命的高度，用自身的人格魅力传播着人生的正能量，用锲而不舍的努力奏响了时代的最强音。因为他们满怀美好，积聚力量，从未停下奋斗的脚步……

榜样，如夜空中璀璨的群星，照亮我们前行的方向。榜样的力量是无穷的，以成功人士为榜样,可以找准人生的方向,收获成长的力量。榜样的力量是无穷的，古往今来，人类历史上涌现出了众多的成功人士，他们或睿智通达，或坚忍不拔，或矢志不渝，或勇于任事……这些成功人士犹如历史长河中的一颗颗明珠，绽放出绚烂夺目的光彩。

假如你的成长中缺少了你可以学习的榜样，一路上只有你自己摸索前行，生命该是怎样的艰辛困苦。父母给予生命，老师传授知识，榜样赋予理想。我们已经拥有了生命，掌握了一部分的知识，剩下的就是找一个激励我们为理想前进的榜样，来填补成长的空白，培养健康的身心。

培根说过这样一句话："读史使人明智。"而历史，恰恰是由千千万万个杰出历史人物凝聚而成的。他们是某一个时代的骄傲，是一个民族的杰出灵魂。他们在自己的领域最大限度地发挥自己的灵性，守护着自己的理想，他们的名字将永远写在历史上……

因此，对于青少年来说，向榜样看齐不仅能够增长知识、了解历史、陶冶情操，还可以汲取这些成功人士身上的优秀品质，使自己变得睿智。尤为重要的是，当我们走近名人，感受他们的心跳，感受他们的高尚情操，感受他们永恒的精神力量时，会在无形中重塑崭新的自我，让自己的意志更加顽强坚定、精神更加无私高尚、思想更加成熟出众。

很多当代思想家、教育家也一致肯定，通过学习阅读人物传记，可以使青少年收获一个虚拟的“老师”和一个虚拟的“偶像”。这个“老师”可以扩展青少年的眼界、塑造青少年的心灵；而这个“偶像”可以引导青少年向名人学习，从而约束或改正自己的不良行为和不良嗜好……最终让青少年重新认识并规划自己的人生：激励自己，成长自己，升华自己！

本套《人生大学榜样讲堂》系列丛书包括《耀世名人的榜样力量》《时代先驱的求索道路》《文韬武略的沙场人生》《心灵导师的智慧人生》《文艺大师的情操风范》《科学巨擘的人生贡献》《医界英才的济世传奇》《探索英雄的传奇故事》《财富精英的创富密码》《精神领袖的人生坐标》10本书，精选在各个领域中颇具代表性的成功人士的成长故事，为青少年的成长提供精神的营养、榜样的启迪。通过阅读《人生大学榜样讲堂》系列丛书，青少年不仅可以开阔眼界、增长见闻，还可以从榜样的经历中汲取拼搏的激情，领悟人生的真谛。本套丛书将每个榜样人物深刻地解读，字字值得品味，篇篇引人思索，让读者与书籍进行一次心灵的对话。读榜样故事，与大师交流，那些成功人士将指引你把握命运，点亮你智慧的火种，指引你前进的方向，激励你奋进的步伐，成就你美好的未来！

目录 Contents

第 1 章　开拓创新：勇敢打破旧思想和引领新思潮

第 2 章　海纳百川：大智慧需要大胸怀来孕育培养

第3章 行思坐想：拥有睿智的头脑才能倚马千言

第4章 追求平等：愿为妇女解放事业抛洒热血

目录 Contents

第 5 章　静待时机：没有韬光养晦就没有一触即发

第 6 章　恪尽职守：任何工作都应做到尽善尽美

目录 Contents

第7章 一往无前：努力一生是为了造福全人类

第1章

开拓创新：勇敢打破旧思想和引领新思潮

陈旧、落后、不符合社会需要与时代发展的国家和社会制度必将被推翻，人类也必将会走在不断前进的光明道路上。然而，固有的社会体制并不是那么轻易就能被打破、被推翻的，这需要那些拥有新思想，并且敢于与旧势力做斗争，有胆识的引领者。在这些革命先驱者的带领下，时代才能不断发展、进步……

第一节　拿破仑
——法兰西第一帝国的缔造者

拿破仑·波拿巴（1769 年～ 1821 年），出生于法国的科西嘉岛，是一位世界著名的军事家、政治家。他是法兰西第一共和国执政官，是 19 世纪最著名的法兰西第一帝国的缔造者，于 1804 年 11 月 6 日加冕称帝。

拿破仑对内多次镇压反动势力的叛乱，颁布了法国《民法典》《商法典》《刑法典》，完善了世界法律体系，奠定了西方资本主义国家的社会秩序的基础，传播了法国资产阶级革命的胜利果实。对外他五破反法联盟的入侵，沉重反击了欧洲各国的封建制度，捍卫了法国大革命的成果。他在法国执政期间多次对外扩张，发动了全面战争，东征西战，形成了庞大的拿破仑帝国体系，创造了一系列军政奇迹与短暂的辉煌成就。

与欧洲封建势力做斗争

青年时期的拿破仑就拥有卓越的指挥才能，并将他卓越的军事天才发挥得淋漓尽致。那时候，法国国民革命军政府极为欣赏他在指挥方面的才能，所以决定大胆地任用他到各地带兵打仗。拿破仑可谓是年轻有为，他没有辜负厚望，通过努力，对欧洲封建势力进行了沉重的打击。

所以也有人说，他是敢于和欧洲封建势力做斗争的先驱者。

拿破仑于 1797 年被重用，担任“意大利方面军”的总司令，这个职位的职权很大，所以他有了大展拳脚的机会，也正是那个时候，他正式开始了与欧洲封建势力作殊死斗争的历程，大大维护了革命政权所取得的胜利成果。

后来没过多久，拿破仑就亲自率军对埃及进行远征。当时埃及被英国占领，在英国的支持下，埃及、叙利亚人民在受到入侵后，对法国入侵者施以有力的回击。拿破仑在战争中进攻也不是，退缩也不是，纠结很久，难以立即做出决断。就在他身陷埃及战争的困境中时，沙皇本人亲自带领的沙皇俄国军队也在组织欧洲其他反法的各国，组成第二次反法同盟，向法国发起进攻，试图消灭法国。

而法国内部也并不团结，国内保王党人看到这种情况，也行动起来，想要从内部推翻资产阶级统治，以恢复旧有的统治秩序。

就在法国内外兼忧的动荡政局下，国民政府内部表现出对政府统治的不满，很多人提出要政府采取有力措施，向国内外敌人发起进攻。

在这种形势下，拿破仑时刻保持头脑清醒，他意识到马上要发生什么……于是，他断然抛下法国远征军，在 1799 年 10 月，带领少数随行人员暗地离开埃及，日夜兼程地赶回法国巴黎，开始了他筹划已久的“反封建”行动。

1799 年 11 月 9 日，拿破仑正式开始筹划已久的行动，他派军队在第一时间控制了督政府，开始接管革命政府的全部事务。

在大资产阶级的支持下，拿破仑还发动了“雾月政变”，“雾月政变”的第二天就将法国议会——元老院和 500 人院全部解散，由此将议会大权收入囊中，并宣布成立执政府，给予封建势力严重打击，且使其无力还击。

不久，公布了法兰西共和国8年宪法，重申废除封建等级制，法国为共和国，规定第一执政（拿破仑）的权限：“公布法律；并可随意任免参政院成员、各部部长、大使和其他高级外交官员、陆海军军官。”不久，拿破仑又将革命时期的地方自治机构取消，使整个法国成为一个高度中央集权制的国家。在执政府中，他自任第一执政，大权独揽，开始了为期15年的独裁统治。

因为发动“雾月政变”，拿破仑成功掌握了法国军政大权，从此之后，他接连采取军事行动，严厉、沉重地打击了欧洲封建势力对法国的几次反扑，让封建势力无还击之力。1800年，拿破仑击溃奥地利军队，并进逼奥地利南部地区，迫使奥皇签订和约。1802年，以沙俄为首的第二次反法联盟又被拿破仑击溃，这解除了俄国对法国的威胁。

在国内，拿破仑也采取了一系列维护其资产阶级统治的措施。他用武力征讨和分化瓦解的手段，镇压了保王党的复辟活动，同时又采取了其他统治措施，巩固了他的统治基础。1807年，拿破仑又逼迫沙皇俄国签订了梯尔西特和平条约，条约承认了法国在欧洲的统治。

对法国来说，拿破仑可谓是敢与封建势力说“不”的第一人，而且又是成功推翻封建势力、让封建势力无从还击的第一人。他带领法国走向了全新的社会，带领法国人民成功向前迈一大步。所以，人们称他为“法兰西第一帝国的缔造者”。

用不一般的方式诠释“帝国制造者”身份

拿破仑发动政变，夺取政权，实现了中央集权的君主专制，发展了资本主义，保护了资产阶级。他能够建立法兰西第一帝国，取得如此辉煌的成就，这与他聪明、睿智的头脑有紧密联系。

事实上，作为与法国封建势力对立者身份的拿破仑来说，他是一位当之无愧的资产阶级革命家。他多次在国内外击退反法联盟的入侵和镇压反动势力的叛乱，保护了法国大革命的成果，推翻了旧的专制政权。

如果他不是一个出色的革命者，他的思想不够超前，那么必将不能成就法兰西第一帝国。拿破仑就是这样，做事情总是表现出“非同常人”的方面：

在征服意大利的一次战斗中，士兵们都很辛苦。拿破仑夜间巡岗查哨，在巡岗过程中，他发现一名巡岗士兵倚着大树睡着了。他没有喊醒士兵，而是拿起枪替他站起了岗。大约过了半小时，哨兵从沉睡中醒来，他认出了自己的最高统帅，十分惶恐……

这件小事说明了拿破仑并不是一个按牌理出牌的人。他思维活跃，进退自如，不被固守的教条所累，也正是因为这样，他成功捍卫了法兰西共和国大革命时期的成果，保护了法兰西共和国资产阶级革命的既得利益。使得 1815 年法国的君主专制最终复辟之时，受到了人们的反对。

此外，拿破仑颁布的一系列统治措施不仅在法国国内产生了重大深远的影响，还影响了他的征服国。

拿破仑拥有睿智的头脑和想要成就霸业的雄心。他通过征战，将法国资产阶级革命的胜利果实不同程度地传播到了法军所到之处。法国资产阶级革命造成的社会影响已成为了西方资本主义的发展中国家势不可挡的势力。拿破仑在奠定资产阶级的政治体系和推进资本主义的发展等方面做出了重要的贡献。

拿破仑的称霸野心是法国大资产阶级本性的集中体现，他的国内外政策都代表了资产阶级的利益，保护资本主义经济基础的发展。拿破仑对拉丁美洲的历史也有着巨大的间接影响。他对西班牙的入侵削弱了当地政府的实力，使它在今后几年时间里都不能控制它在拉丁美洲的殖民地。基于在当时这个实际的自治时期，拉丁美洲的独立运动开始了。

除此之外，拿破仑也最早提出欧罗巴合众国的构想，并试图通过武力来实现的人。虽然他本人并未成功实现这个梦想，但21世纪的欧洲正朝向一体化的目标迈进。拿破仑反对封建势力、敢于与封建势力做斗争，最终成功推翻封建势力，后来更是建立帝国的第一人。

第二节　切·格瓦拉
——推翻巴蒂斯塔独裁政权

切·格瓦拉，本名埃内斯托·格瓦拉，全名埃内斯托·拉斐尔·格瓦拉·德·拉·塞尔纳，是阿根廷的马克思主义革命家、医生、作家、游击队领导人、军事理论家、政治家及古巴革命的核心人物，曾经与卡斯特罗并肩作战。他于1928年6月14日出生于阿根廷的罗萨里奥。他参加了菲德尔·卡斯特罗领导的古巴革命，推翻了亲美的巴蒂斯塔独裁政权。在古巴革命政府担任了一系列要职之后，格瓦拉于1965年离开古巴，到刚果（金）、玻利维亚等国试图发动共产主义革命。1967年10月8日，因内奸泄密，格瓦拉及游击队小分队在丛林中遭玻利维亚政府军伏击，格瓦拉受伤被捕。次日，格瓦拉被杀害。

格瓦拉死后，他成了反主流文化的普遍象征、全球流行文化的标志，同时也是国际共产主义运动的英雄和左翼人士的象征。

为了理想离开古巴，进入他国丛林

切·格瓦拉是一个有着崇高革命思想的革命先驱者，他为了理想，到访过多个国家，参与战斗，其革命生涯直至逝去。

古巴革命胜利后，切·格瓦拉取得古巴国籍，但是在古巴只待了 6 年时间。那时候，中苏论战势同水火，双方的交战让他感到左右为难，于是在 1965 年 2 月第二次来华进行访问。切·格瓦拉主张停止同苏联论战，但是中方没有接受他的建议，那次他也没如愿见到毛泽东。

他带着忧郁的情绪离开中国，此后就在公开场合消失了，还登报宣布放弃职务和当时的古巴国籍，让古巴政府不必对其行为负责。

后来人们才知道，切·格瓦拉在 1965 年春进入刚果（利）东部，开始了指导当地的左派游击队的革命生涯。但是，几个月后，他又一次失望地离开，因为他深切感受到当地人根本不想认真打仗，因此这是一场注定失败的战争，根本无法挽回。

他就这样隐蔽了一段时间，然后悄悄回古巴休整。几个月后，也就是 1966 年 11 月，切·格瓦拉又带领几十个说西班牙语的外籍人进入玻利维亚，在丛林中正式展开游击战争。

对于切·格瓦拉为什么突然消失，很多年来，那些研究者们有过多种解释。但是大都认为他是想摆脱国际共运的分歧，在南美洲再树立起一个革命榜样，成为当地的革命先驱者。

在古巴革命取得胜利后，切·格瓦拉是首任国家银行行长，可他却主张废除货币，建立“不用钱的文明”。从事建设时，他反对“物质动力”，主张消灭个人主义，要求用劳动竞赛来驱动发展。由于美国的封锁，经济难以自给的古巴不得不大量接受苏援，在体制和指导原则方面也学习苏联模式，对此切·格瓦拉感到十分失望，他认为从列宁推行“新经济政策”起，就已经开始了“资本主义复辟”的先例，而只有战争条件下的同志关系才是真正纯洁的兄弟关系。

基于各种原因，切·格瓦拉的这类理想主义的主张，事实上在和平建设的现实生活中实在难以实行，所以他不得不到另一个国度，用以往的战争方式再做新探索。所以才开始了离开古巴，进入他国丛林开始战斗的生涯。

在近一年艰难的山区游击跋涉中，格瓦拉只靠一匹骡子驮行李，他不停忍受着诸多困苦，在面对追剿时、陷入绝境时，仍旧毫不动摇，还曾宣布绝不让敌人活捉自己。后来，在1967年10月8日的最后战斗中，他因负伤并犯了哮喘病，才当了俘虏。

当时的古巴已经优裕且安宁，拥有美好的城市生活，而切·格瓦拉没有因此而停止对理想的追求，他不辞辛苦，不怕牺牲，再一次进入毒蛇蚊虫出没的南美丛林，这对他这个从小就患哮喘病的人来说绝非易事，但是，为了理想，切·格瓦拉义无反顾。他是革命精神的巨人，受世人敬仰……

“为革命忘我”的人格魅力长存人间

虽然切·格瓦拉学过中国的游击战理论，但是他提出的“游击中心”论却又有一些不同之处。其中，他尤其强调少数精英的作用，他认为，到处游击示范能够让民众一拥而起，然后凭借大家的力量彻底推翻反动政府，但是，他并不太注重根据地建设，不能深入、细致地进行群众工作。这也是他难以实现革命理想的因素之一。

最后，切·格瓦拉在玻利维亚的牺牲虽然悲壮，但是证明了外籍人到别国输出革命很难成功的事实。即便如此，切·格瓦拉对自己的革命理想的执着追求，足以证明他是世人的榜样，是名副其实的、成功的革命先驱者。

20世纪70年代后期，在中国曾翻译、出版过切·格瓦拉的《游击笔记》（内部出版），有人曾问过很多熟悉游击战的老前辈，希望听听他们的观后感，他们的回答都是那么的“叹息不已”。

从书中可看出，切·格瓦拉最后近一年在山区到处游动，他想“解放”当地农民，但那些人对他却极为冷淡，也没有什么“解放”的概念。当地人没有一个愿意参加游击队，有些人甚至还向政府军告密。最终，这支队伍成了无水之鱼，人越打越少，然后还能坚持一年，完全依靠顽强的毅力和信念支撑着。

切·格瓦拉组织的小队最终遭伏击，全军覆没，本人被俘。

美国中央情报局特工同他谈了话，出于对他的敬佩，曾主张送他到关塔那摩关押，玻利维亚政府却坚持将他处决。因该国已取消死刑，刽子手便于10月9日把切·格瓦拉带出来，迎面用冲锋枪向他扫射，然后进行拍照后，向世界公布说：“切·格瓦拉是阵亡。”

面对枪口，切·格瓦拉依旧昂首挺胸，无愧于一个革命战士的形象！

切·格瓦拉的革命精神令世人敬仰，虽然他没有取得成功，但是在他牺牲后，甚至比生前获得了更多的荣誉，在世界范围内特别是亚非拉国家有了众多崇拜者。

在许多国家的群众集会上，经常可看到他的画像和毛泽东像并列。

那幅穿作战服留胡子的照片，成了为摆脱苦难而奋斗的人的精神偶像。

1997年，切·格瓦拉牺牲30周年，恰好其遗骨在玻利维亚被发现，南美许多国家都举行了盛大的纪念活动。

阿根廷还专门为他拍摄了故事片，并在国会大厦前举行诗歌朗诵会。更有成千上万各国青年聚集到格瓦拉牺牲的玻利维亚尤罗山谷，在昔日冷寂的失败之地召开了欢声鼎沸的大会；古巴的悼念活动更是盛况空前……随后，在北京话剧舞台上出现的格瓦拉，也造成过轰动效应。剧中主人公谴责种种社会不公后大声说："不革命行吗？"观众（多是年轻人）立即报以一阵掌声和呼喊。当然，剧场内同时也有笑声和叹息，表现出中国新时期价值观念的多元化和情感的多样性。

国际范围内"格瓦拉热"几十年不衰，比格瓦拉本人的胜利和悲剧更值得人们思考。如今，在我们这个喧闹的世界上虽然物欲横流，人们需要物质利益，然而对美好精神境界的追求却没有泯灭。只要社会还存在着压迫和不公，切·格瓦拉那种为解放苦难者不惜献身的精神便永远会受尊崇。

第三节　章太炎
——割辫明志，主张"驱逐满、蒙"

章太炎（1869—1936），原名学乘，字枚叔，以纪念汉代辞赋家枚乘，后易名为炳麟。因其反清意识浓厚，以及慕顾绛（顾炎武）的为人行事而改名为绛，号太炎。世人常称之为"太炎先生"。早年又号"膏兰室主人"、"刘子骏私淑弟子"等。中国浙江余杭人，清末民初思想家、史学家、朴学大师、国学大师、民族主义革命者。著名学者，研究范围涉及小学、历史、哲学、政治等等，著述甚丰。

积极参与民族救亡的大潮

孙中山先生是中国伟大的民主革命先行者，但是在他生前乃至逝世后，还有少数人不承认他革命领袖的地位，在这些人当中，也包括当年曾与孙中山一起革命的人——章太炎。

章太炎是中国早期民族主义革命先驱者，在甲午战后，列强在中国掀起了强占租借地、划瓜势力范围、旨在瓜分中国的狂潮，民族危机变得空前严重，救亡图存成为时代的主题。章太炎忧国忧民，参与了一系列救亡图存的民族革命。

当时社会，同是救亡图存，从一开始就呈现了两种截然不同的道路：一种主张体制革命，武力推翻清政府，以孙中山为代表持这一主张。另一种主张是实行体制内改革，对现存政治制度加以改良，来实现民族自救。持这一主张的，以康有为、梁启超为代表，想通过支持光绪帝推行维新变法来实现他们的主张。

但戊戌变法只进行了 100 多天就被慈禧太后镇压了，谭嗣同等“六君子”也被杀害，宣告了维新改良救亡图存的道路行不通。

章太炎就是在这一背景下，从书斋里走出来，而后卷入民族救亡图存大潮的。

1869 年 1 月 12 日，章太炎在浙江余杭县东乡仓前镇的一个读书世家出生。章太炎的曾祖父和祖父都是秀才出身，父亲去世前对章太炎说：“章氏入清已经八世，先辈入殓都是深衣，穿明代的上衣下服。望不违祖训。”

遵照父亲的遗嘱，章太炎在 1890 年（清光绪十六年）进入杭州诂经精舍研习，一待就是8年，直到1897年才离开。诂经精舍系嘉庆年间浙江巡抚阮元所创办。章太炎在俞樾的指导下，苦研经训，饱读史书，凡经、史、子、集无一不读，并对佛学，尤其是对华严宗、法相宗有着很深的研究，这些都直接影响了他的世界观。

章太炎是个读书人，他深通古今经学，这不仅奠定了他日后成为国学大师的基础，而且也使他拥有了日后政治生涯中的“傲人”资本。

他眼界开阔，如果说孙中山是从西方寻找救国救民的真理，从世界历史发展的大趋势来审视中国、振兴中国，那么，章太炎则是从中世纪走来，拿着古圣先贤们曾经鼓吹和使用过的夷夏之防的传统“武器”，掷向他所憎恨和要复仇的清朝政府，而最终，仍旧回归到传统中去。

不管章太炎的革命和孙中山的革命是否有本质的区别，都抹杀不了章太炎的民族革命意志。他深感封建势力已经穷途末路，希望国家能够重新开辟出一条光明大道，于是走出浩瀚书卷，走进政治领域，毅然决然地参与到革命中去，成为民族革命的先驱者。

大逆不道、惊世骇俗的“剪辫”行为

1897年（清光绪二十三年），章太炎离开杭州，来到上海，进入汪康年所办《时务报》馆任撰述，那时担任该报主笔的是梁启超。该报大力宣传康有为的《新学伪经考》。康氏撰写该书，目的是托古改制，将孔子打扮成改革者，为自己的变法主张提供依据。他不是为经学而经学，而只是一种历史的假借。

殊不知章太炎是一个纯粹的经学研究者，其著《春秋左传读》所阐述的观点与康有为的今文经学观点正好相反，因此，他与梁启超等并无共同语言，双方还经常发生龃龉。最后，由于理念不同，章太炎选择离开《时务报》馆。

戊戌政变后，他因支持变法受到通缉，避居台湾。

从这件事情可以看出，章太炎是个十分有想法且坚定自己理念的人，即使当时康梁的影响力非常大，他也不随波逐流，而是希望开创自己认为行得通的革命之路。

可惜的是，就在第二年，他因为反对废黜光绪而遭到通缉，不得不亡命日本。

因为唐才常力主勤王，章太炎表示不赞同，为了抒发自己的反对情绪，宣扬自己的革命理想，他当即剪断头发，由此可以看出其决绝之意。

在《解发辫》一文中，他说："余年已立，而犹被戎狄之服，不违咫尺，弗能剪除，余之罪也"。剪去它，以明自己"不臣清朝之志"。

章太炎的剪辫行为在当时轰动一时，被视为大逆不道、惊世骇俗之举。孙中山在看了章太炎的《解发辫》一文后，对其反清的勇气给予了高度评价，认为："有清以来，士气之壮，文字之痛，当推此次为第一。"虽然此时孙中山尚未与章太炎见过面，对于章太炎的全部思想还不了解，但是十分肯定其欲与封建礼教斗争到底的气魄。

宣扬特有的种族革命思想

章太炎属于愤于种族偏见而反对封建势力的人，他的种族革命思想

确切地说很适逢其时，正好迎合了当时的需要。

蔡元培在1903年（清光绪二十七年）春组织爱国学社，安顿南洋公学退学学生，章太炎接受邀请，到校进行讲学工作。他多述“明清兴废之事”，而中国教育会则每周两次在张园举办讲座，公开宣讲革命，讲稿多在《苏报》上发表，其中以章太炎“排满革命之论”最为激烈。

邹容作《革命军》，章太炎为之润色，并为之作序，宗仰和尚出资，将其《驳康有为论革命书》同时刊出，一时影响极大。

在这篇文章中，章太炎引经据典，对康有为的保皇观点进行了系统的批驳，阐述排满进行种族革命的必要：“彼（指满族贵族集团）固曰异种贱族，非吾中夏神明之胄，所为立于其朝者，特曰冠貂蝉、袭青紫而已”。“满洲弗逐，而欲士之争自濯磨、民之敌忾效死，以期至于独立不羁之域，此必不可得之效也”。“长素犹偷言立宪，而力排革命者，宁智不是，识不逮耶？！”

文中还将光绪帝比做“未辨麦菽”的“小丑”，以致引起了清廷的震怒，遂勾结租界当局，一手制造轰动当时的《苏报》案。章太炎因此被判囚禁3年。

章太炎在他的种族革命思想面前，说话、做事丝毫不畏首畏尾，相反，他极力进行宣扬，为此不惜被囚禁，遭受牢狱之苦。他的革命精神令人惊叹，其先驱者形象令很多同是参与救亡图存的人所折服和赞叹。

在入狱前的那段时期里，章太炎还发表了《排满平议》《讨满洲檄》《复仇是非论》《正仇满论》等文章，历数清朝封建政府的14大罪状，指出：“非种不锄，良种不滋；败群不除，善群不殖。”这种文字鼓吹，对于长期遭受封建王朝压迫的民众来说如饮醍醐，从未有过这样的痛快。

那时候，刚刚废除科举制度，大批士子都为出路而感到不安和苦闷，他们在看到“章氏文论”后倍感振奋，因此章太炎一时名声大震，“国民咸慕，翕然从风”。除了著文鼓吹排满反满外，章太炎平日与友人交谈也率多类此。“以明末遗民故事及清末革命故事为多，盖前者为先生革命思想之所出也”。他是“缵苍水、宁人、太冲、姜斋之遗绪而革命”。

章太炎鼓吹反满排满的言论，对于人们放弃改良观点转向反清革命起了不小的推动作用，他是革命的鼓吹者、实践者、引领者……正如吴玉章在《辛亥革命》一书中说的那样，“这种宣传起了很大作用，革命的风暴主要是这样鼓动起来的”。

第四节　陈独秀
——影响二十世纪中国历史走向的人物

陈独秀（1879 年～ 1942 年），原名庆同，官名乾生，字仲甫，号实庵，安徽怀宁人。

陈独秀是中国共产党的创始人和早期领导人之一，五四新文化运动的一面旗帜，曾被毛泽东誉为“五四运动的总司令”。然而，他那为革命抛头颅、洒热血的儿女们却鲜为人知。

从启蒙者到革命者

有一件事情，对陈独秀的思想转变起了催化剂和转折点的作用——俄共代表维经斯基于 1920 年 5 月到上海，滞留到 1921 年 1 月回国。

这段时间，陈独秀与维经斯基有着密切接触与交往。陈独秀在革命先驱者的实践道路上，成就了一段“陈独秀时代”。

> 从中国革命史的角度观察，从1894年兴中会成立到1914年反袁斗争失败，可以称为“孙中山时代”；从1927年建立井冈山根据地到1949年夺取政权，可称为“毛泽东时代”；而在这两个时代之间，即从1915年~1927年，则可称为“陈独秀时代”。
>
> 在“陈独秀时代”这12年间，从以《新青年》杂志为阵地发起新文化运动，经“五四爱国运动”，中共成立，国共合作，以至北伐战争，国民革命，没有一个人的影响超过陈独秀。这一说法是大体成立的。

今天来看，对陈独秀的这一生来说，最具历史影响的功绩有两个方面：第一是发起“五四新文化运动”，另一个是创建中国共产党。而这两件大事，影响了整个20世纪中国历史的走向。

让人不得不提及的是，“五四新文化运动”与中共的成立，两者之间既具有连续性，又具有转折性。

毛泽东说：“五四新文化运动替中国共产党准备了干部，中共早期的一批党团员正是受五四新文化运动影响的知识青年；另一方面又如胡适所言，新文化运动侧重个人主义和自由主义，而中共的革命则转向集体主义和共产主义。”后来李泽厚的“救亡压倒启蒙”说，也是强调两者的断裂性和转折性。

社会主义在中国的传播，工人阶级的发展壮大，而具体到牵头建党的陈独秀来说，他是怎样从自由主义转向列宁主义的，有一说是，“几乎是在一个极短时间里完成的”。陈独秀既是一个启蒙者，继而又成了一个革命先驱者。

1920 年 5 月以前，陈独秀还在发表文章声称自己不相信任何人、任何制度、任何学说能够包治百病，这些不相信，也包括马克思的唯物史观，并且认为，指望通过废除私有财产来实现人类平等是“未来的空想”。

但是，这番言论仅仅过了 1 个月以后，陈独秀就参与组织了一个名叫“社会共产党”的组织。这便是中国共产党的早期组织。陈独秀的思想发生了急剧“突变”。

而从文本上看，1920 年 9 月 1 日陈独秀发表《谈政治》一文，第一次大谈阶级斗争和无产阶级专政的必要性，颂扬马克思的阶级斗争学说和俄国革命经验。这无疑是他开始信仰列宁主义的“确证”。

据胡适的看法，陈独秀的思想转变具体有两个“节点”，第一是 1919 年 3 月 26 日，陈独秀被蔡元培解除北大文科学长的职务；第二是 1919 年 6 月陈独秀被捕入狱。

1919 年 3 月 26 日夜，蔡元培在沈尹默、汤尔和、马叙伦等人的怂恿下，以外间传闻陈独秀嫖妓“私德太坏”为由，撤销其文科学长职务。

胡适认为，“独秀因此离去北大，以后中国共产党的创立及后来国中思想的‘左倾’，《新青年》的分化，北大自由主义者的变弱，皆起于此夜之会。独秀在北大，颇受我与孟和（英美派）的影响，故不致十分‘左倾’。独秀离开北大之后，渐渐脱离自由主义者的立场，就更‘左倾’了。”

对于第二个“节点”，胡适认为，“大概独秀在那 80 多天的拘禁期中，曾经过一度精神上的转变。他独自想过一些问题，使他想到他向来不曾想过的一条路上去，使他感到一种宗教的需要。他出狱之后，就宣传这个新得来的见解，主张要有一个新宗教……抱着这种新宗教热忱的陈独秀，后来逐渐地走进那二十世纪的共产主义新宗教”。

陈独秀经过深度的思考，以及对当时社会的分析，其思想发生根本性的转变，最终把自己演变成为一个革命的先驱者，为中国伟大的革命事业增添一抹色彩。

陈独秀为革命奉献两个儿子

20 世纪 20 年代，陈独秀的两个儿子——陈延年、陈乔年兄弟俩，曾到法国勤工俭学。在到法国之前，陈氏兄弟信仰无政府主义，对巴枯宁、克鲁泡特金等国外无政府主义者的思想有所研究，对吴稚晖、李石曾等国内无政府主义者很是崇拜，并通过吴稚晖、李石曾等人获得华法教育学会的资助，赴法勤工俭学。

抵法之后，他们一面勤工俭学，一面进行有关无政府主义的宣传活动。他们与李卓等一道，在巴黎创办了中国书报社，销售有关无政府主义及新文化的书籍，还编辑出版《工余》，在勤工俭学学生中宣传无政府主义。

最初，陈延年和陈乔年对父亲陈独秀积极宣传马克思主义、筹建中国共产党这件事情，感到不以为然。

1920 年秋，上海共产主义小组成员陈公培等人到法国，华法教育会派陈延年到马赛港迎接，陈公培向陈延年出示陈独秀亲笔介绍信时，陈延年笑笑说：“他那个人，你别理他！”

在有关勤工俭学及华工事务等问题上，留法学生运动领袖、早期共产主义者赵世炎曾与他们有过对立。赵世炎就此写道：“李卓、李合林、陈延年兄弟(合起来就是华林无政府派)等发言，各派都加攻击，尽说刁钻话，说的都是似是而非，很足以动人。”

陈公培也提到："无政府党和马克思派都在各处丛生，大约不久都有鲜明的组织出现。"显然，陈延年兄弟倡导的无政府主义思想在留法勤工俭学学生中已有相当的影响。

但是，没过多久，陈延年兄弟逐渐摆脱无政府主义的影响，最终确立了科学社会主义世界观。

大家都知道陈独秀是个大革命家，而他的两个儿子后来也成为中共早期响当当的大人物。两个儿子都继承了他睿智、叛逆、刚强和坚毅的性格。

他的两个儿子回国后都担任了党内要职，大儿子延年先后任广东区委书记、浙江省委书记，且被推选为中共中央政治局委员；次子乔年曾是李大钊先生之助手，也历任中共湖北省委组织部长、江苏省委组织部长，当选了中共中央委员。两人组织纪律性颇强，党内工作如需会见父亲独秀，皆以"同志"相称。

可惜的是，在国民党大肆搜捕共产党员，白色恐怖极为猖獗的时期，志士仁人血流成河。陈独秀的儿子延年、乔年先后于 1927 年和 1928 年在上海被捕。

国民党反动派在得知这两个人就是共产党首脑之子后，如获至宝，开始对他们威逼利诱，无所不用其极。可是，延年、乔年都是执着于理想和信仰的硬汉，这些威逼利诱对他们并不起作用。国民党在恼羞成怒之下，将延年秘密处决，乔年也在龙华英勇就义。

延年因为生前像父亲一样，一直为革命奔波劳碌没有成家，所以死后无嗣，而乔年虽生有一子，但因为疾病早早夭折了。

悠悠江河不废流，陈独秀一门忠烈，一家为中国革命做出了莫大的贡献，他们是值得永远铭记和怀念的。

第五节　康有为
——倡导托古改制，实施戊戌变法

康有为（1858 年 3 月 19 日～ 1927 年 3 月 31 日），原名祖诒，字广厦，号长素，又号明夷、更生、西樵山人、游存叟、天游化人。生于广东省广州府南海县丹灶苏村，人称康南海，光绪廿一年（1895 年）进士，曾与弟子梁启超主持“戊戌变法”（又称“百日维新”），后事败，出逃。

他信奉孔子的儒家学说，主张托古改制，并致力于将儒家学说改造为可以适应现代社会的国教，主张建立君主立宪国家。1882 年，康有为到北京参加会试，回归时经过上海，进一步接触了资本主义并收集了不少介绍资本主义各国政治制度和自然科学的书刊。经过学习，康有为逐步认识到资本主义制度比中国的封建制度先进。帝国主义的侵略，清朝的腐败，使年轻的康有为胸中燃起了救国之火。西方的强盛，使他立志要向西方学习，借以挽救正在危亡中的祖国。

著名的“公车上书”

1888 年，康有为到北京参加顺天乡试，他借此机会第一次上书光绪帝，提出变法请求，但因为受到重重阻碍而没有成功。当年 9 月，他又上书光绪帝，痛陈祖国的危亡，批判因循守旧，要求变法维新，提出了“变成法，通下情，慎左右”三条纲领性的主张。

3 年后，康有为回到广东，开办万木草堂学馆，广收学生进行讲学，他的弟子有梁启超、陈千秋等人。康有为为变法运动创造理论，先后写了《新学伪经考》和《孔子改制考》两部著作，这两部书都是在“尊孔”的名义下写成。前一部书把封建主义者历来认为神圣不可侵犯的某些经典宣布为伪造的文献，后一部书把本来偏于保守的孔子打扮成满怀进取精神，提倡民主思想、平等观念的人。

康有为的这些看法虽然并不科学，但他的改革精神却在知识界产生了强烈的震动和反响，但是对封建顽固守旧分子构成了很大的威胁，因而这两部书被守旧分子视为异端邪说。

1894 年，康有为开始编《人类公理》一书，这本书经多次修补，后来定名为《大同书》发表。《大同书》描绘了人世间的种种苦难，提出大同社会将是无私产、无阶级、人人相亲、人人平等的人间乐园。这当然是荒谬的，因为即使康有为写了《大同书》，但他没有找到、也不可能找到一条到达大同的路……

这些理念为“戊戌变法”奠定了理论基础之后，在 1895 年～ 1898 年间，康有为积极地进行了变法实践。

1895 年 4 月，正在北京参加会试的各省举人，听说清政府要与日本订立丧权辱国的《马关条约》，极为愤慨。康有为连夜起草了一份 1.8 万多字的文章上皇帝书。各省举人 1300 多人集会，通过了这个万言书。这就是有名的“公车上书”。

在上书中，康有为从爱国的立场出发，强烈主张“拒和、迁都、变法”，建议皇帝“下诏鼓天下之气，迁都定天下之本，练兵强天下之势，变法成天下之治”。在这次会试中，康有为中了进士，被任命为工部主事。之后，康有为又连续给皇帝上了几次书。光绪皇帝对康有为提出的问题很感动。在这些上书中，康有为系统地阐述了自己的变法思想，从政治、经济、文化教育等几个方面系统地提出了自己的见解。政治方面，康有为提出了变君主专制为君主立宪的要求。他指出："东西国之强，皆以立宪法，开国会之故。国会者，君与国民共议一国之政法也。"在经济方面，他提出了发展工业，振兴商业，保护民族资产阶级利益的主张。在文化教育方面，提出了"开民智"、"兴学校"、"废八股"的主张。这几个方面构成了康有为变法维新的基本纲领。

1897年，德国强占胶州湾，康有为再次上书请求变法。次年1月，光绪皇帝下令康有为条陈变法意见，他呈上《应诏统筹全局折》，又进呈所著《日本明治变政考》《俄罗斯大彼得变政记》二书。4月，他和梁启超组织保国会，号召救国图强。康有为为变法做出的种种努力，都是为了救亡图存，使国家走出旧体制，迈向新篇章，希望国家越来越好。

资产阶级政治改革之"戊戌变法"

光绪皇帝在1898年准备召见康有为，但因为反对变法的大臣从中设置层层障碍，未能成功相见。后来光绪皇帝下令说，以后康有为如有奏折，即日呈递，不得阻拦。同年6月11日，光绪皇帝发布《明定国是诏》，宣布实行新政，"变法自强"。

5天以后，光绪皇帝正式接见康有为，并赏给六品衔，任"总理衙门章京上行走"，同时给他以专折奏事的权力。梁启超、谭嗣同也都在政府中任了职。这样，康有为和他的同事们总算参与了变法维新的机要。在3个来月的时间里，他们根据皇帝的授意，发布了不少实行新政的诏书，如设立学堂、提倡一定的言论自由、奖励发明创造、保护和奖励农工商业、改革财政等。

以康有为为首的改良主义者，通过光绪帝所进行的资产阶级政治改革，是一项重要的政治改革运动。主要内容是：学习西方，提倡科学文化，改革政治、教育制度，发展农、工、商业等。这次运动遭到以慈禧太后为首的守旧派的强烈反对，同年 9 月慈禧太后等发动政变，光绪帝被囚至中南海瀛台，维新派康有为、梁启超分别逃往法国和日本，谭嗣同等 6 人（戊戌六君子）被杀害。

> 康有为等人以为，只要抓住了皇帝就能无事不成，其实，光绪皇帝只不过是个空架子，实权完全掌握在慈禧太后等人手里。正当康有为等踌躇满志的时候，反对派发动“戊戌政变”，就把改良派打了下去。光绪皇帝被囚禁，谭嗣同等人被杀，康有为、梁启超逃往国外。戊戌变法前后共 103 天，又称“百日维新”。

康有为的理想和政治主张主要在他撰写的《大同书》中得到体现。康有为是 19 世纪末向西方寻求真理的著名代表人物，1898 年戊戌变法运动的领导者。康有为主张变法使中国走上资本主义的道路。他认为赋税政策方面的改革主要是“蠲厘金之害以慰民心，减出口之税以扩商务”。他猛烈抨击了厘金税，认为它既不利商，又不利农，也不利于国，必须予以裁撤。他说“内地害商之政，莫甚于厘金一事，天下商人久困苦之”。

康有为的轻税思想在后期发展为“无税论”，在《大同书》里他主张“公中更未尝向一人而收赋税，扫万国亘古重征厚敛之苦”。这种观点实际上是超越现实的空想。但不管怎么说，在中国反对封建思想，希望实施新政来救国，康有为可谓第一人。

第六节 瞿秋白
——勇敢向中国共产党这个“新党”靠拢

瞿秋白（1899 年～ 1935 年），出生于江苏常州，祖籍宜兴。瞿秋白曾两次担任中国共产党最高领导人职务（1927 年 7 月～ 1928 年 7 月，1930 年 9 月～ 1931 年 1 月），是中国共产党早期主要领导人之一，伟大的马克思主义者，杰出的无产阶级革命家、理论家和教育家，中国革命文学事业的重要奠基者之一。

信任新党，宣扬新党

瞿秋白从小体弱多病，虽然身体一直不好，但读书十分用功，成绩优秀，在小学还没毕业时就考入常州府中学堂。他喜欢阅读书籍，历史书上介绍的英雄好汉都是他崇拜的对象，给他留下最深印象的是那些为革命奋斗的人物事迹，但也由此激起了他对清政府的憎恨。

1916 年年底，他依依不舍地离开家乡，进了武昌外国语学校学习。第二年春，他又北上考进北京外交部办的俄文专修馆。1919 年“五四”爱国运动爆发，瞿秋白的政治生涯就此开始了。

踏入政界后，瞿秋白一改先前一副文质彬彬的文弱形象，以高度的精神，全身心投入到革命事业中，在超负荷的工作下，他忍住肺病带来的痛苦，即使在紧张的局势下，依旧奔波于街头，为中国共产党这个新党进行联络、组织和演讲。

五四运动使瞿秋白受到了极大震撼和鼓舞，又使他进一步认识到中国社会的深层问题，促使他去思考中国现实社会存在的各种问题，为中国谋求出路。

瞿秋白在《新社会》刊物上先后发表了一系列“新思想”文章，内容涉及面很广，有当时社会存在的诸多弊端和政治问题，也有关于哲学、新思想和人生等问题。这些文章透露出他的政治倾向，表达出对中国封建统治阶级的不满和初步的社会主义信念。

1920 年 10 月 16 日，瞿秋白踏上了去往莫斯科的列车。在那里，他写了一系列文章，这些文章让中国群众看到了革命的曙光，从而激励更多有志之士向往革命胜利，拥护马克思主义，以苏维埃俄的今天为蓝图去设计中国的明天，并为实现这一美好理想而投身实际革命中去。

1922 年 11 月，瞿秋白出席了在彼得格勒举行的共产国际第四次代表大会。数月后回国，参与起草了中共“三大”的纲领草案，并当选为中央候补委员。随后，他担任苏联顾问鲍罗廷的助理和翻译，去广州参加了国民党“一大”宣言的起草工作，后又到上海大学任教。

成为反对势力要拔掉的眼中钉

瞿秋白大力宣扬共产主义，这必定会招来反对势力的记恨，但他无畏艰险，一心要起到表率作用，希望通过自己的努力为国家的进步做贡

献。不幸的是，1935年2月24日，瞿秋白奉命撤离苏区前往上海时不幸遇敌，他们一干人等被捕。瞿秋白被俘的3个月里，即便敌人从严刑逼供到软禁厚待，但都没有从他口中得到一点有用的东西。

耐人寻味的是，在狱中，瞿秋白在《多余的话》中这样写：永别了，亲爱的同志们，这是我最后一次叫你们‘同志’，永别了，亲爱的朋友，永别了，美丽的世界。

1935年6月18日是瞿秋白英勇就义的日子。

这一天，瞿秋白来到中山公园，园子都仿佛安静下来了，鸟儿停止鸣叫。他信步到亭子前，看见桌子上有一壶美酒，四个小菜，便独自一人坐上前去，自斟自饮，面色从容，谈笑自若。酒喝到一半说："人生有小休息，有大休息，今后我要大休息了。我们共产党人的使命就是鞠躬尽瘁，死而后已。"瞿秋白说完这句话，整理整理衣服，到公园凉亭前拍了一张遗照——他将两手背到身后，昂首直立，面露微笑，恬淡之中又流露出一股神圣的气概。

瞿秋白被行刑者押赴刑场，他依然和平常没什么两样。刑场距离中山公园1000多米。一般人如果知道自己的死期到了，不要说步行1000米，就是10米也无法走到，恐怕早就瘫软如泥，被人拖着走了。

但是瞿秋白手夹香烟，神情自若。为打破紧张的气氛又高唱国际歌。到了刑场，他自己找了块空地席地而坐，回头看了看行刑者平淡地说："此地甚好"。刽子手开了枪，瞿秋白从容就义。

瞿秋白的一生虽然疾病缠身，奔波劳碌，但他勤奋好学，拼命工作，留下不少著作，更重要的是他为中国的革命事业做出了卓越的贡献。瞿

秋白是一位伟大的革命家，也是一位杰出的思想家，他英勇献身、血洒刑场的事迹被后人所赞扬。

一块手表诠释的革命之路

关于瞿秋白还有一个感人的故事不得不说。

据说，瞿秋白有一块祖传的怀表，价值极大，那是在他去北京俄文专修学堂求学时，父亲亲自交给他的。怀表的表链是金黄的，表壳是镀金的，有透明的表面、准确的走时，瞿秋白对这块怀表爱不释手。他还把一枚秦朝时期的古铜钱系在怀表上，作为装饰品。这块表平时就放在上衣口袋里，陪伴他学习和工作。

1920 年 10 月，瞿秋白作为北京《晨报》、上海《时事新报》的新闻记者，被派去苏联进行采访调查。那时候苏联正处于经济困难时期，为支援建设和支持革命，政府号召人民贡献自己的一分力量。瞿秋白积极响应国家号召，把自己这块心爱的怀表捐献出来。

苏联政府为了感谢他的善举，特意为他制作了一张捐献纪念证书，还另外赠给他一块普通的铁壳怀表。即使这块铁壳怀表这样普通，瞿秋白对它依旧像宝贝一样，非常珍惜，爱护有加。

瞿秋白 1923 年回国后，在上海工作期间，党内经费紧张，他狠狠心，又把这块怀表拿到当铺当了 30 块大洋，供党急用。后来党的经费有了着落，便把怀表赎回来，仍交给瞿秋白使用。

后来瞿秋自在上海主办《新青年》《向导》刊物时，结识了茅盾的弟弟沈泽民，两人一见如故，志同道合。1931 年沈泽民受党中央委派，到鄂豫皖根据地担任省委书记。临别前，两位革命战友依依难舍，瞿秋白慷慨地把自己宝贝的怀表赠给沈泽民，留作纪念。

沈泽民深知这块表意义重大，所以十分珍爱，他带着这块珍贵的怀表在大别山艰苦战斗。后来，他得了重病，在生命垂危之际，他一再嘱托红二十七军军长徐海东同志，并且充满深情地说："海东同志，我坚持不住了，临走时我就把希望寄托在你身上了，这是秋白友人送给我的一件珍贵礼物，我将它交给你！"说完就去世了，徐海东自然十分珍惜这块意义非凡的怀表。

1935 年 11 月中央红军经过长征到达陕北，和十五军团胜利会师。彭德怀司令员在翻越夹金山时不慎将手表摔坏了，徐海东同志就将这块怀表转赠给了彭德怀，并特意向他说明了这块怀表的前前后后。彭德怀听了非常感动，说："秋白同志已经慷慨就义了，这块怀表我会替他好好保管的。他的夫人杨之华我也是认识的，将来我要把这表归还给她。"就这样，这块怀表又伴随着彭德怀度过了 11 年。1946 年，杨之华在延安，彭德怀去看望她时，郑重地将这块怀表交给了杨之华。

1960 年杨之华到丈夫瞿秋白的家乡——江苏常州市访问，听说当地政府在筹建瞿秋白纪念馆，就把这块怀表捐赠给了当地博物馆。

第2章

海纳百川：大智慧需要大胸怀来孕育培养

没有历史上无数次的思想大解放，人类的聪明才智就无法被激发，更不会一步步取得科技进步和产业发展的辉煌成就。伟大的思想先驱者，就好像是指引人类逐渐走向光明幸福与自由的灯塔。比如孔子等先秦诸子的思想，至今仍然是全世界人民共同的精神财富。而苏格拉底、柏拉图和亚里士多德，在漫长的时间长河里也会一直深刻影响着人们的行为和思想。

第一节　马克思
——只为实现共产国际伟大理想

卡尔·海因里希·马克思（1818 年 5 月 5 日～1883 年 3 月 14 日），犹太裔德国人，伟大的政治家、哲学家、思想家、社会学家、革命理论家、经济学家。全世界无产阶级伟大的革命导师、科学社会主义的创始人、无产阶级的精神领袖、当代共产主义运动的先驱。主要著作有《资本论》《共产党宣言》，他的思想形成了独特的“马克思主义理论”。支持马克思主义理论的人被视为“马克思主义者”。

年轻时就敢与皇权对峙

马克思在 25 岁时应聘报社主编职位，他就业的目的不是为了地位，更不是为金钱，而是为了宣传他伟大的革命思想，以这种手段抨击资本主义统治的腐败，唤醒人们的灵魂。

1843 年秋季的一天，普鲁士西部科隆地区出版的刊物《莱茵报》上登出一则启事，要招聘一位有学识、有能力的人担任主编。

招聘启事登出的第一天，编辑部里来了一个不修边幅、满脸络腮胡子的人，他就是卡尔·马克思，看上去有 40 多岁，显得成熟稳重。

可是，当报社负责人询问马克思的年龄时，得知他的实际年龄只有 25 岁，吃惊之余还带着一丝不信任的神情，问：“马克思先生，我看过你的文章，水平很高，质量不错，但你这么年轻，能担任此重任吗？”

马克思笑了一下说：“先生，您的担心我能理解。可是，学问的高低与年龄有时是无关联的。请您耐心读完我的应聘简历，或许您会改变对我的看法。”

于是，报社负责人看起了应聘简历，当他看到马克思已经取得了耶拿大学哲学系的博士学位时，态度马上有所转变，笑着说：“不好意思，请你原谅我刚才的看法。”说完，当时就拿出了聘用书，正式聘请马克思担任《莱茵报》主编。

他刚上任不久，普鲁士莱茵省大会讨论了关于“林木盗窃”的问题，这次大会声称要严惩盗窃者。那么，谁是盗窃者呢？议会把矛头指向了广大的穷苦农民。

只要牵扯到广大的穷苦农民，马克思就格外重视，他认为事出一定有因，于是立刻深入调查，把事情原委搞清楚。

原来，普鲁士西部有大面积的森林和草原，是当地农民、牧民生活的主要来源。后来，几个贵族和恶霸强行掠夺、瓜分了这片森林。他们在森林里随意砍伐，在附近建了许多木材加工厂，公然剥削当地农民；又在草原上开设了养殖场，为自己牟取暴利。

这些森林和草原本是当地农民、牧民的财产，可是，这些贵族地主们鸠占鹊巢，不允许农民和牧民到森林里拾捡柴火、到草原上放羊，也不允许他们的孩子去草地上玩耍，这样做就被视为盗贼。腐败的议会要立法，要从法律上承认贵族地主霸占的土地是合理合法的。

这真是不分是非，马克思和同仁们都感到气愤不已，就写了许多文章公开登在《莱茵报》上，抨击这群人无耻的行为，并强烈要求贵族地主把森林和草原还给农民。这些文章言辞深刻，发人深省，《莱茵报》的发行量一下子增多了。

马克思公然与贵族势力为敌的做法，让普鲁士政府感到极为愤怒，为保护贵族、地主利益，他们下令禁止《莱茵报》出版。马克思突然认识到，单靠舆论的力量是无法推翻独裁统治的，无产阶级只有联起手来，通过武装斗争才能赢取胜利。

由于马克思明确支持共产主义事业，反对资产阶级的专制统治，反动派开始驱逐他。他不得不携全家老小四处转移，但是，即使生活变得那样穷困潦倒，他依然坚定信念，誓与一切恶势力斗争到底，为广大的穷苦农民创造福音……

马克思哲学和马克思主义

一般认为，马克思的哲学在他所处的时代并没有绝对的影响力；但就在他过世几年后的19世纪末，随着资产阶级世界的普遍危机的加剧，马克思哲学迅速传遍各地。建立资本主义式的福利国家成为欧洲先进国家政经改革的趋势。之后，马克思主义派分为非革命派（Evolutionary Marxism）与革命派（Revolutionary Marxism）。非革命派学说又称修正主义派，以爱德华·伯恩斯坦（Edward Bernstein）为中心，主张渐进式的社会主义发展，视马克思主义为一种道德标准。而革命派学说则以列宁最为著名，强调暴力革命对于建立无产阶级专政的不可回避的必要性。

革命派视马克思主义为一种历史科学理论与无产阶级的世界观、方法论，认为这种理论是历史客观进程的理论反映，是广大劳动人民在实践中的产物，是所有人类优秀文化遗产的结晶。

马克思主义在 20 世纪初到 20 世纪中叶，借由列宁和布尔什维克党创立的苏联的大力传播达到了巅峰。在这段时间马克思主义在当代的解释似乎受到许多学者的疑问与争议。随着苏联的式微与解体，马克思主义在政治上的影响力也有所减弱。而马克思主义作为近代最著名也是影响最深远的哲学理论之一，其学说仍然活跃在学术界的各领域，学说的精神也不时地被运用在各政府的施政方向上。

21 世纪的今天，世界上仍有许多国家和政党以马克思主义为其国家或政党的意识形态，如古巴、尼泊尔共产党，塞浦路斯劳动人民进步党，法国共产党，西班牙共产党，葡萄牙共产党，希腊共产党等等。

马克思认为，几千年以来人类发展史上不可协调的矛盾与问题就在于不同阶级之间的利益冲突。依据历史唯物论观点，马克思大胆地推论，资本主义终将会被共产主义所代替。

第二节　苏格拉底
——30 多岁成为一名不收费的
道德教师

苏格拉底（公元前 469 ～公元前 399），古希腊著名的思想家、哲学家、教育家，他和他的学生柏拉图，以及柏拉图的学生亚里士多德被并称为“古希腊三大哲学家”，更被后人一致认为是西方哲学的奠基人。身为雅典公民，据记载，苏格拉底最后被雅典法庭以引进新神论会腐蚀雅典青年思想为罪名而判处死刑。

为了执着追求当一位道德教师

苏格拉底是个执着追求的人，他赋予了一个新神，就是他自己。他希望人们明白，自己拥有的那点智慧和神的智慧是无法比较的，他认为人应“自知无知”，他一直说自己“一无所知”。

苏格拉底出生于希腊雅典一个普通人家。父亲是雕刻匠，母亲是助产妇。苏格拉底生来就其貌不扬，凸出的眼睛，扁平的鼻子，肥厚的嘴唇，矮小瘦弱的身体。他相貌普通，家庭平凡，却具有崇高的思想。

他出生在希波战争取得完全胜利的时期，童年生活在伯里克利的盛世时期。当时大批智者从希腊各地云集到雅典，给雅典民主制度带来了许多新知识和新思想。年轻的苏格拉底曾向著名智者普罗泰格拉和普罗第柯等人请教，讨论时下突出的社会问题和人生哲学。也曾做过女智者狄俄蒂玛的学生，并深受毕达哥拉斯派的影响。

苏格拉底一生过着清贫的生活，无论春夏秋冬，他都穿着一件大长袍，经常赤着脚，对吃饭也从来不讲究。他似乎并不关心这些，只是一心做学问。他生平的思想和成就都由其弟子记录。

苏格拉底曾跟父亲学过雕刻工艺，不过对其不感兴趣。后来他看了荷马史诗，自学成才，成了一位很有学识的人。他一生以传授知识为职业，30 多岁时做了一名不图名利的社会道德老师。苏格拉底把自己看作神赐派给雅典的一个使者，其职责就是到处游学，探讨问题，研究学问，教人知识。

因此，他的一生大部分时间都是在室外度过的，喜欢到处游走，与不同职业、不同年龄的人讨论各种各样的问题。

苏格拉底把自己当作使者，这种使命感成为他实践的宗旨。他知道他的做法有时会令许多人反感、恼怒，但神给自己的任务不可违背，故万死不辞。他称自己是针砭时弊的牛虻。

苏格拉底的影响是巨大的。在欧洲文化史上，他一直被看作是为追求真理可以付出生命的圣人，几乎与中国的孔子所占的地位相同。哲学史家则把他作为划分古希腊哲学发展史的标记，将他以前研究的哲学称为“前苏格拉底哲学”。他以一种对哲学的新认识开创了希腊哲学的新纪元，更以其纯净的灵魂和思想，给柏拉图极其深刻的影响，并通过后人一直影响到罗马时代乃至西方哲学。

用行动演绎人生大智慧

哲学家苏格拉底的学生问他：“人生是什么？”

苏格拉底把他们带到一大片苹果园里，要求大家从果园的这头走到那头，每人挑选一个自己认为最好看、最大的苹果。机会只有一次，不能重新选择。

游戏开始了，学生们认真仔细地挑选着自己认为最好的苹果。等所有人带着成果走到苹果林的另一端时，苏格拉底已经在那等着他们了。他微笑着问学生：“你们挑到自己最满意的苹果了吗？”大家你看看我，我看看你，谁都没有说话。

苏格拉底见此情景问：“怎么了，难道你们都对自己的选择不满意吗？”

“老师，我想再挑选一次。”一个学生恳求说，“我刚一走进果林，就看到了一个很大、很好的苹果，但我没有要，我还想继续找个更好的。当我快走到头了，才发现还是第一次看到的那个最大、最好。”

另一个学生接着说：“我和他正好相反。我刚走进果林也发现了一个又大又好的苹果，可是后来我发现了比这个还要大、还要好的。所以，我有点后悔开始的选择了。”

“老师，让我们再选择一次吧！”其他学生见状也纷纷表示。

苏格拉底笑着摇了摇头，语重心长地说：“学生们，这就是你们想问的人生。人生和选苹果一样，是一次无法再回头的选择。”

苏格拉底继续说：“面对无法重复的人生，我们只能做三件事：慎重的选择，尽量不要留下遗憾；如果留下遗憾，就勇敢地面对，然后努力改变；如果不能改变也没关系，那就接受，不要后悔，一直朝前走。”

有人问苏格拉底：“请您告诉我，天和地之间到底有多高？”苏格拉底答道：“三尺！”“这怎么可能，我们每个人都有四五尺高，天地只有三尺，那人还不把天给捅个窟窿？”苏格拉底一语点破：“所以，每个人都能做到顶天立地，要想长久立足于天地之间，就要低头，要谦虚。”

苏格拉底的一个学生很想从老师那里学到真本事，苏格拉底便把他的学生带到河边，然后把他的头按入水中。学生开始不明白老师要做什么，没有反抗。过了一会儿，学生见老师还不放手，便坚持不住了，用力挣扎。可是他越挣扎，老师用的力气越大。最后这个学生使出全身的力气挣脱开，气喘吁吁地责问老师为什么要害他。苏格拉底说：“如果你求学的欲望和求生的欲望一样强烈就好了。”说完，他就起身走了。

苏格拉底主张，人要认识到做人的道理。他把哲学总结为“爱智

慧”，他的一个重要观点是：自己知道自己不足。许多贵族和穷人的孩子常常聚集在他周围，向他请教，苏格拉底却常说：“我是个无知的人。”他总结说：“只有上帝才是智慧的，他会指明人的智慧是否有价值，神仅仅只是用我苏格拉底的名字做说明，好像在说，人啊，只有像苏格拉底那样知道自己的智慧其实毫无价值，这才是最有智慧的表现。”他为自己的无知感到自豪，并认为人人都应该坦然接受自己的无知。

尽管苏格拉底曾有机会逃往雅典，但他还是毅然饮药而死，因为他认为逃亡的行为会损害雅典法律的权威，同时他也担心，逃亡后，雅典会缺少像他这样的老师教育人们。

第三节　柏拉图
——拥有最纯净的心灵哲学

柏拉图（公元前约 427 年～公元前 347 年），古希腊伟大的哲学家、思想家、教育家，也是整个西方国家不可多得的伟大学者，被认为是西方哲学的奠基人之一。他和老师苏格拉底、学生亚里士多德三人并称为“古希腊三贤”。他写下许多富有哲理的书籍，并且在雅典创办了著名的柏拉图学院。其创造或发展的著名概念，包括柏拉图主义、柏拉图式爱情等。

除净心灵的杂草

柏拉图才华横溢，学习能力出色，古希腊人尊敬地称他为“阿波罗之子”。并笑称，可能柏拉图还是婴儿的时候，有蜜蜂在他的嘴巴上留下蜂蜜，才会从他嘴里说出“甜言蜜语”，因为他的口才实在了得。作为一个出色的哲学家，柏拉图无疑是富有的，他说：“当一个人真正觉悟的一刻，他放弃追寻外在世界的财富，而开始追寻他内心世界的真正财富。”

起初，柏拉图打算继承家业从政，但后来事情发生了变故。在与斯巴达的战争中，雅典民主制败落，随即“三十僭主”登上政治舞台。不久，“三十僭主”又被新的代议制政府所取代。公元前399年，柏拉图的老师、著名政治家苏格拉底受到公审被判死刑，柏拉图对当时的政治制度彻底失望，于是放弃从政，开始去意大利、西西里岛、埃及等地寻求知识。

据说，柏拉图在40岁的时候结束旅行返回家乡雅典，并在雅典城外以自己的名字创建了一所院校，这所学院是当时西方最早、最完整的高等学府之一，也是中世纪时在欧洲国家发展起来的大学前身。

此学院一直存在了900多年，直到公元529年被查士丁尼大帝禁止开放。学院以毕达哥拉斯思想为主，学习课程也类似于毕达哥拉斯学派的传统课题，包括算术学、几何学、天文学以及生物学。学院培育出许多优秀人才，其中最有名、最杰出的就是亚里士多德。

柏拉图受荷马影响较大，也受到许多在这之前的其他思想家和作家的影响，包括毕达哥拉斯所提出的“和谐”主张，巴门尼德提出的联结所有事物的理论也影响了柏拉图对问题的看法。

柏拉图是西方首个提出客观唯心主义的人，其创作的哲学体系完整全面，博大精深，对其教学思想帮助很大。柏拉图认为世界由“理念世界”和“现象世界”两部分组成。理念世界就是指真实的存在，是不变的，而人类所感触的这个真实的社会，不过是理念世界折射出的影子，它由现象组成，每种现象因为时空等因素而发生改变。由此依据，柏拉图提出了一种全新的理念论和认识论，并将它作为其教学的基础。

柏拉图认为无论哪种哲学都具有普遍性，其中必须包括一个关于宇宙和自然的学说。柏拉图试图证明有关个人和大自然永恒不变的理论，而这个理论演变成一种适合并从属于他的独有的政治见解和自然哲学。

用行动解释一切

一天，柏拉图手里拿着几本书带着几个学生，来到一片空旷的草地上，席地而坐。

柏拉图开始发问了：“今天，我们就在这里上一堂课，我想问你们一个问题。”

学生们惊奇地问道：“老师，您要问我们什么问题呀？”

柏拉图不紧不慢地说：“学生们，请你们开动脑筋想一想，如何除掉眼前这片地里的杂草？”

“用铲子铲掉不就得了？”一个学生抢先回答。

另一个学生接着说：“老师，用火就可以直接烧掉这些杂草。”

第三个学生马上说：“往这块草地上撒石灰。”

第四个学生也接过来说“将这些杂草斩草除根。”

这时，柏拉图站起来意味深长地说道：“学生们，大家都回去吧，都用自己刚才说的方法试一试，一年后，我们还来这里相聚。”

一年后，学生们如期而至，却不见老师柏拉图。他们发现原来长有杂草的地方已经改头换面，被一片庄稼地代替。学生们坐在空地上，等待着柏拉图的到来，可是柏拉图到最后也没有来。不过，他们似乎都明白了什么。

几十年以后，柏拉图去世，他的学生在整理、记录他的言论时，在一本书的最后补上一句话：“要想铲除田野上的杂草，方法只有一种，那就是在上面种上庄稼。同样，要想拥有一颗纯净的心灵，方法也只有一种，就是用美德去占据它……”

柏拉图理想中的国家是将公民划分为卫国者、士兵和普通人民三个等级，每一个人在社会上都有特殊功能，以满足社会的需要。卫国者不是国王，而是有能力管理国家的人。他们可以被继承，也可以被其他两个阶级的优秀后人所取代，而卫国者中的后代也有可能变成普通人。卫国者的主要任务是监督法典的执行情况。

更先进的思想是：在这样的国家里，女人和男人有着平等的权利，实现了人人平等。每一个人都有事可做，而不应该去打扰别人，给别人制造麻烦以引起争端、冲突、暴力。在今天看来，柏拉图描绘的是一个有些极端的极权主义国家，只可惜他本人并没有能力实现这样一个理想国。

第四节　孔子
——“仁”的学说，包含了他的最高期待

孔子，春秋时期鲁国陬邑（今山东曲阜市南辛镇）人，是商朝开国君主商汤的后代，是商朝的宗室。先祖为宋国（今河南商丘市夏邑县）贵族。孔子是中国古代伟大的大思想家和教育家、政治理论家，儒家学派的创始人。

孔子集华夏上古文化之大成，在世时就被世人誉为“天纵之圣”、“天之木铎”，是当时社会上最博学的人之一，被后世统治者尊为孔圣人、至圣、至圣先师、万世师表，居“世界十大文化名人”之首。孔子的儒家思想对中国乃至世界都有着深远影响。

虚心接受别人的建议

孔子在旅行中路过一个村庄，看到一个老态龙钟的人，老人正从井里打水浇地。他看起来行动不便，非常辛苦，天气又那么热。孔子以为这个老人可能不知道可以依靠机械装置打水，比如用牛或者马代替人打水，因为这样比较省力。所以孔子就过去对老人说：“你不知道有机械装置吗？用它们从井里打水

非常省事，你花半天时间做的工作，它们在半小时之内就完成了。可以让牛或者马来做这件事情。你何必这么费劲呢？而且你是一个老人家啊。”

老人说：“自己动手工作是最好的，因为每当自作聪明使用机器的时候，我的头脑也变得狡猾了。我觉得，只有头脑狡猾的人才会使用狡猾的机器。你让我这样做不是存心让我做个狡猾的人吗？我是老了，但请让我死得跟出生时一样简单。这样，我才能永远保持谦卑。”

孔子回到他的弟子们那里。弟子们问：“老师，您跟那个老人都说了些什么？”

孔子说：“他看起来像是老子的门徒，他的话狠狠地打击了我，但他的话似乎很有道理。”

“当你用双手工作的时候，脑子里不会生出许多想法，人会保持着谦卑、简单、纯洁。当你使用机器时，头脑就跟着介入了，会生出许多想法，从而变得狡猾，有竞争性。用手工作似乎是原始的，你会发现那些乱七八糟的想法越来越少了。”孔子向弟子们解释着。这说明孔子是个虚心接受别人建议的人。

以“仁”之道，包容万事万物

学生子路曾经问孔子:“听说一个建议很好,是不是应该马上实行？”孔子说：“还有比你更有经验的父亲和兄弟呢，你还应该向他们请教请教，哪能马上就开始呢？”学生冉有也问过同样的问题：“老师，听说一个主张很好，是不是应该马上去做呢？”孔子答道：“当然要马上去做。”公西华看见同样的问题却得到不同的回答，不明白，便去问孔子，孔子说：“冉有个性内向胆小，所以要鼓励他勇敢；仲由做事鲁莽轻率，所以要叮嘱他三思而行。”

冉有曾对孔子说：“你的话很有道理，可是实行起来总觉得力量不够。”孔子说：“力量不够，走到一半歇下来，也还罢了，关键是你根本没想走！”这就是冉有的个性。子路则不同，子路个性爽快，三言两语就能说明一件事情。有一次，孔子和他开玩笑说：“我的理想要是在这儿不能实现的话，我就乘着小船到海外去，大概第一个愿意跟着我的就是仲由了。”子路信以为真，非常高兴。孔子却批评道：“你倒是很勇敢，可是再也没有其他可取之处了！”这就是子路的脾气。

孔子对其他弟子也能做出中肯评价。颜渊是他最满意的弟子，但颜渊又太顺从他，孔子便说道：“颜回你不能帮我，因为我说什么话你都全部接受！”他认为人要有学问、有修养，但不能像一件器具一样没有主张。子贡就有偏于这类的缺点，所以他就批评子贡说：“你就是件器具啊！”子贡问道：“老师，是什么器具呢？”孔子笑着说：“还好还好，只是祭祀时用的器具。”意思是说，子贡外表体面，却没有注重全面发展。

孔子注重思想启发，他善于选择合适的机会教育、提醒别人。他说：“如果一个人缺少求知欲，我是不会理他的；如果一个人喜欢追求知识，在遇到难题，百思不得其解的时候，我很乐意帮助他，引导他更深入一层。比如一张四方桌子摆在眼前，我说桌子的一角是方的，但他不用心学习，不能领悟到其他三个角也是方的，那我就不想再多说什么了。”

孔子往往还能使人在原有的基础上更进一步。子贡有一次问道：“大部分人都觉得这个人好，这个人好吗？”孔子说：“这不够。”子贡又问：“那么，大部分人都不喜欢这个人呢？”

孔子说："也不够。要所有好人都喜欢他，所有坏人都讨厌他才行。"

孔子个性平淡，温文尔雅，常常谦虚地教育弟子。他曾说："我不是生来就什么都知道，我不过是喜欢积累前人的经验罢了，不放松地去学习就是了。"又说："三人行必有我师。"还说："我知道什么呢？其实我什么也不知道。要是有人来问我，我也一无所知，但我会想方设法搞清楚再告诉他人。"

有一次，子路好奇地问孔子人死了以后会怎样。孔子说："活着还有许多问题没解决，管死后做什么？"子路又问："如何看待鬼神之说呢？"孔子又说："人都没好好看待呢，还谈什么看待鬼神！"孔子就是这样一个有耐心又注重实际问题的人，不喜欢空谈。孔子很少和弟子们谈论鬼神、怪异等不切实际的话题。如果有人谈论，他是不允许的。

孔子生活的年代——东周王朝春秋时代，君主继承制开始土崩瓦解，有文化认同的汉民族共同体正在形成。原来由贵族控制、垄断的文化正流向民间。孔子正是这一时代精神的代表人物与思想的集大成者，开了战国诸子百家之先河。

孔子拥有包容天下的大智慧，他是中国伟大的教育家，他诲人不倦，创办私学，提出"有教无类"的口号，率先打破只有贵族才能学习文化的垄断局面，提倡普及民间教育。孔门师生在当时社会代表着一种符号，无论富贵贫贱的子弟都愿意向他求学。孔子的思想形成了中国古代历史上第一个学派——"儒家"。

第五节 孟子
——宣扬律己品质和主张仁政

孟子，东周邹国（今山东省邹城市）人，也有一说法认为孟子是鲁国人。孟子的出生时间距离孔子之死（公元前 479 年）大约百年左右。东周战国时期伟大的思想家、教育家、文学家、政治家、雄辩家，儒家学派的主要代表之一。在政治上主张法先王、行仁政；在学说上推崇孔子理论，反对杨朱、墨翟。

从小就有严于律己的品质

公元前 318 年，五国攻秦的那一年，兵荒马乱，民不聊生。一个 50 多岁、满脸灰尘、风尘仆仆的老书生急匆匆地穿梭在士兵队伍里，他要去做什么呢？原来他从西向东，去齐国游说。这个老人就是儒家代表人物孟子。

孟子从小就接受了很好的教育，这很大一部分原因来自他的母亲。在他还未出生时，他的母亲就懂得进行胎教，她说：“我怀着孟子的时候，席不正不坐，割不正不食，这就是我的生活方式。”孟子出生以后，有一天，看见邻居正在磨刀，准备杀一头小猪。孟子非常好奇地问：“妈妈，他们在做什么呢？”“在杀猪。”“杀猪干什么？”孟妈妈开玩笑地说：“杀了给你吃啊。”说完就后悔了，这不等于撒谎吗？于是，孟

母真的买来邻居家的猪肉给孟子吃。

孟子长到可以学步的时候，就经常和野孩子到村外坟地里追逐玩耍，还拿着小木棍、小铲子到处乱挖，演示筑墓出殡的情景。但母亲不喜欢他这样做，觉得对孩子教育不利，就带着活泼好动的孟子搬了家，到离集市不远的地方住下来。

周围全是做买卖的商人，孟子就学着商人的样子讨价还价，吆喝叫卖。孟母担心孟子染上市侩风气，又马上搬了家，到学习氛围浓厚的政府公立学校旁边住下来。孟母的心总算踏实下来了，儿子终于能在一个好的环境里生活了。这就是“孟母三迁”的故事。

当然，孟子在成长过程中也有叛逆期。有一次孟子从学堂回来，被母亲问及：“你近来功课怎么样？”孟子不耐烦地说：“跟以前一样，不好也不坏。”孟母生气极了，拿来一把剪刀，将正在纺的布匹剪断了。“你不好好做学问，就会像这匹布一样半途而废。”孟母语重心长地教育孟子。孟子向母亲发誓以后再也不会了。

孟子严于律己，讲究道德规范，为了说明道德规范的根源，孟子提出了“人性本善”的思想。他认为，尽管每个人都处在不同阶级，有不同的分工，但天性却是一样的。他说：“所有人都是一样的，没有谁是特殊的，圣人和我是同类。”这里，孟子把统治阶级和被统治阶级放在平等的地位，认为他们具有普遍的人性。这种看法顺应了当时奴隶解放和社会变革的历史大潮，标志着人类认识的上升，对封建思想产生了不小的抨击。

以“诚”待人，以“仁”治国

战国时代，战争连年不断，各诸侯国都在采取不同的策略来治理国家。战争使百姓处于水深火热之中，孟子十分痛心，决定到各国游说，去劝说那些好战的君主。

孟子来到梁国，觐见好战的梁惠王。梁惠王忧心忡忡地对孟子说：“我尽心尽力治国，又爱护自己的臣民，却不见人口增多，这是怎么回事呢？”

孟子回答说：“让我给您做个比喻吧！有两方军队在战场准备开战，一场厮杀就要开始了。厮杀结果是，被打败的一方弃甲丢盔，四处逃窜。假如一个士兵跑得慢，比别人慢了五十步，却不屑地嘲笑跑了一百步的士兵是贪生怕死”。

孟子讲完故事随即问梁惠王：“您说这个人的做法对不对？”梁惠王立即说：“当然不对了！”孟子接着说：“您虽然爱护百姓，可是却喜欢发动战争，那遭殃的就是百姓。这和‘五十步笑百步’是一个道理，您还能说爱百姓吗？”

孟子认为，君子眼里只能讲“义”而不应该有“利”。

有一次，孟子又来到魏国游说，魏惠王见孟子不许讲利，就不耐烦地说：“好，那就讲义吧。我治国，也算讲义的啊！黄河以南发生饥荒，我就把灾民转移到黄河以东，我这难道不是义吗？当黄河以东发生饥荒，我也是如此。我调剂粮食，迁移灾民，我看邻国治国，还不如我呢。可是我的人口却不见增加，

但邻国的人口也不见减少。”

“您这就是五十步笑百步啊。我看您和您的邻国都不怎么样。关键是你没做到仁政。仁者才是天下无敌啊。”孟子说。

魏惠王一听来精神了：“还请先生指教。”

“仁政就是以仁的感召力和行为让百姓信服，使百姓心悦诚服，诸侯将相来朝觐见。”孟子接着说，“您尽管施行仁政于民吧，减少刑罚，减少苛捐杂税，鼓励百姓多种庄稼，教育百姓要温顺孝悌。做到这些，您就离统一天下不远了。”但魏惠王对孟子的话不以为然，并没有去实行。得不到魏惠王的赏识，孟子只好无奈地离开了魏国。

孟子理论是对孔子理论的继承和发展。孔子以仁为本，信奉天命思想，而孟子发展了这个理论，主张人性本善，其哲学理论的最高范畴是天。尊重人性是孟子理论的一条主线。一些西方国家较为完整的民主体制的基础首先就是尊重人性，这个理论也印证了孟子理论的正确性。

无独有偶，今天西方国家提出的“人权高于主权的思想”，孟子早在两千四百年前的时候就提出来了，那就是“民为贵，社稷次之，君为轻”。在当时君主体制下的封建社会能提出这样的思想确实很不容易。

孟子是孔子理论的继承者和发扬者。孔子为人平和，不喜欢与人争执，但孟子却敢于伸张正义，主动攻击丑恶行为，变被动为主动，更加有力地发张光大了孔子的儒家理论，将人性与仁爱融入自己的理论，实现一种崇高远大的政治理想和人文精神。孔孟思想对世界民族文化发展做出了贡献。

第六节　墨子
——农民出身同样能成就大作为

墨子（公元前 467 ～公元前 376），名翟，战国时期著名的思想家、教育家、科学家、军事家，开创了墨家学派。

墨子创立了墨家学说，并著有《墨子》一书传世。墨子是历史上唯一一个农民出身的哲学家，这是非常难得的。墨家学说的主要内容有兼爱、非攻、尚贤、尚同、非乐、非命、天志、明鬼、节用、节葬等，以兼爱为核心，以节用、尚贤为重点。墨子在先秦时期还创立了以几何学、物理学、光学为主的一整套科学理论。墨学在当时社会的影响力很大，与儒家并称“显学”，有“非儒即墨”之称。

墨子让楚王放弃打仗

作为一个农民出身的孩子，墨子小时候给人放过牛，学过木工。但作为没落贵族的后裔，他自然也接受了相当的文化教育。他曾自诩说“上无君上之事，下无耕农之难”，是一个同情“农与工肆之人”的闲人。墨子的家乡四周都是高山，他经常站在高处四处远望，决心要走出大山，拜访天下名师，学习治国之道。于是他开始到各地游学，学习儒家思想，孔子之术。但很快他就发现，儒学烦琐复杂，所讲内容都是些华而不实的废话。最终舍弃了儒学，形成了自己独有的墨家文化。

墨子不仅学识丰富，能言善辩，还精通工艺，不然也不会打败巧匠公输班。

墨子生活的年代非常久远，大约在公元前五世纪左右，那时中国还没有统一，还是一个由许多诸侯国组成的国家。这里要讲的故事和其中两个国家有关，一个是好战的楚国，一个是弱小的宋国。

公输班，也称公输盘/般，当时，有个手艺出色的工匠叫公输班，他为楚国制造了一种称为云梯的武器，这种高大的武器用来攻打敌国，只要搭在城墙上，士兵就会破门而入。云梯造成后，好战的楚国就要用它来攻打宋国了。

墨子听到这个消息后十分着急，走了十天十夜终于赶到楚国，拜见了公输班，希望凭借自己的能力阻止这场战争。墨子对公输班说："北方有个人欺负我，我希望您能帮我杀死他。"公输班一听不高兴了，也没有说一句话。墨子接着说："我可以给你很多报酬，谢你替我报了仇。"公输班开口说："我是个讲道义的人，不会因为这点钱就去杀人。"墨子说："既然是这样，我要问问你，楚国是大国，人口稀少土地辽阔，为什么要攻打弱小的宋国呢？这不是道义的战争。你口口声声说不杀人，一旦发生战争，多少无辜的百姓会因为你制造的云梯而死去啊，这跟你亲手杀人有什么区别吗？"

公输班被反驳得无言以对，找借口说攻打宋国是楚王的决定，和自己无关。于是墨子在公输班带领下去见楚国国王。见了楚王，墨子并没有直接提起战争一事。他对楚王说："我想请教大王您一个问题。"楚王允许他继续说下去。墨子说："有这样一个人，放着自己漂亮华丽的马车不要，却想偷邻居的破旧车子；舍弃自己崭新华贵的衣服不要，却想偷邻居的旧衣服，这是怎样的人啊？"楚王不明所以，马上说："这人有偷窃的习惯啊！”墨子抓住时机，马上说：“楚国有辽阔的土地，而宋国只是一个小国，这就好像一辆好车与一辆破车；楚国资源丰富，而宋国资源匮乏，这就如同新衣服和旧衣服，所以我认为楚国攻打宋国，和喜欢偷盗的人没什么两样。”

楚王一听不知如何回答，仍蛮横地说：“你说得是对，但公输班已经为我造好了云梯，我总要试试它的威力，我是一定要攻打宋国的。”墨子镇定自若地说：“云梯并没有想象中厉害，不信我与公输班模拟着打一仗便可知道。”楚王同意，派人为他们准备好了云梯、兵器和城墙等道具。公输班用云梯模拟攻打宋国的情形，结果无论他怎么改变战术，都被墨子抵挡住了，公输班攻城的武器用完了，而墨子守城的方法还有很多。

公输班不甘心被打败，不服气地说：“我知道用什么方法对付你，我不说。”墨子笑笑说：“我也知道怎么对付你，我也不说。”楚王问墨子其中的原因，墨子说：“公输班的意思无非是杀了我，他以为杀了我，宋国就没有人能抵挡他攻打宋国了。可是，来之前，我已经把我的方法教给了我的徒弟，即便杀了我，你们还是不能攻入宋国的城门。”

楚王见自己已经没什么优势了，只好说：“好了，我决定不攻打宋国了。”

就这样，墨子凭自己的智慧和勇敢化解了一场灾难。墨子拥有崇高的理想，他希望天下人彼此相爱而不相憎，他说：“若使天下兼相爱，国与国不相攻，家与家不相乱，盗贼无有，君臣父子皆能孝慈，若此，则天下治。故圣人以治天下为事者，恶得不禁恶而劝爱？故天下兼相爱则治，交相恶则乱。”翻译过来的意思就是：天下的人都不相爱，那么强大的一定会压迫弱小的，富有的一定会欺侮贫穷的，显贵的一定会轻视低贱的，诡诈的一定会欺骗愚笨的。天下一切祸乱、篡位、积怨、仇

恨等之所以会发生，都是由于互不相爱引起的。夫爱人者人必从而爱之，利人者人必从而利之，恶人者人必从而恶之，害人者人必从而害之。

墨子忧国忧民，希望天下太平，并为此不懈奔走。

独树一帜，举办讲学

墨家主张“仁政”。在代表新兴地主阶级利益的法家崛起之前，墨家和儒家是相互对立的两个学派，并称为“显学”。《韩非子·显学》记载：“世之显学，儒墨也。儒之所至，孔丘也；墨之所至，墨翟也。”

独创一帜后，墨子开始在各地讲学，以激烈的言辞抨击儒家文化，宣扬墨家文化。大批的人开始追随墨子，形成一个学派。他们有严格的组织和纪律，以吃苦为自豪，吃穿简单，经常参加劳动。因为墨子出身农民，所以他反对奢靡的生活，如果谁违反了这些规则，就要被开除，甚至处死。墨家学派的领导者称巨子，所有墨家学派的人都要服从“巨子”命令。

墨子的思想和言论被其弟子收集，编成《墨子》一书传世，这是一部精彩的巨著，是墨家学说的经典之作。墨家的基本理论是：主张兼爱、非攻，反对以强凌弱；崇尚劳动，反对剥削；主张节约、节葬，反对儒家礼乐。墨子去世后，墨家学派的弟子仍不可胜数。战国时期虽有诸子百家，但儒墨学派仍占据首位。

墨子的哲学思想中的合理部分被日后唯物主义思想家继承和发扬，而墨子作为墨家创始人，在中国哲学史上产生了深远的影响。

第3章

行思坐想：拥有睿智的头脑才能倚马千言

文学是世界几千年来的宝贵精神财富，一些好的文学作品让我们人类走向文明时代。文学也是读者的精神食粮，真实性的作品能够让读者产生共鸣。而创造这些作品的文学先驱们，正是通过自己的文学作品来影响社会记录时代，从而为推动社会进步做出巨大贡献。

第一节　巴尔扎克
——塑造作品时能认真到着魔的地步

奥诺雷·德·巴尔扎克，法国小说家，出生于法国中部图尔城的一个中产者家庭，毕业后不顾父母反对，毅然走上文学创作道路。1829年，他发表长篇小说《朱安党人》，迈出了现实主义创作的第一步。1831年出版的《驴皮记》使他声名大震。他要使自己成为文学事业上的拿破仑，在19世纪30至40年代以惊人的毅力创作了大量作品，且一生创作甚丰，写出了91部小说，合称《人间喜剧》。《人间喜剧》被誉为“资本主义社会的百科全书”，巴尔扎克则被称为“现代法国小说之父”。

有些灵感来自于幻想

因为巴尔扎克总是被穷困包围，可想而知，他经常为此苦恼和烦闷。但是，就在深陷苦恼和烦闷时，巴尔扎克想到了一个很好的、能够让精神暂时解脱的方法——用幻想来充实自己，从而摆脱令人厌恶的苦恼和烦闷。

巴尔扎克非常喜爱幻想自己成为了有钱人，而且是有很多很多钱的那种，然后过上了富足的生活，远离贫苦。

在一次幻想中，巴尔扎克“遇见”了一个非常爱读小说的大富翁，大富翁站在他跟前，万分慷慨且诚意十足地对他说：“你要多少钱，请打开我的钱柜尽量拿吧！你就用这些钱去还清你的债务，摆脱一切束缚吧！我相信你的文才，我要拯救一个伟大的人物！”

巴尔扎克听完富翁的话，信以为真，甚至认为这不是幻想，而是真正在发生的事情，他“噌”的一下站起来，也可以说是从凳子上跳了起来，然后把他高兴得又唱又笑……

在他的幻想中，还经常出现自己成了全世界的第一号大人物……然而，幻想终归是幻想，等到从幻想中清醒过来后，他就会笑一笑，然后再自嘲地摇摇头，赶忙跑进自己的工作室埋头写作起来了。

虽然巴尔扎克经常幻想，并且有些人认为这些幻想就像是在白日做梦，根本不可能实现，且没有什么意义，但事实并不是这样的。幻想能够帮助人们开放思维，让思维达到活跃的程度，从而创作出更好的作品。此外，幻想也是巴尔扎克苦中作乐的一种方式。在条件十分艰苦的情况下，巴尔扎克用这种方式排解烦恼，也是一种积极生活态度的表现。

全身心投入到创作中

巴尔扎克有很多朋友，在和朋友聊天的时候自然免不了要聊一些闲话。有一次，巴尔扎克的住处来了几个朋友，大家围坐在一起，这个说说，那个说说，你一言我一语地闲谈起来。

轮到巴尔扎克说话时，当时他的兴致很高，但没说几句突然中止了，然后就开始恶狠狠地咒骂起来：“你这个荒唐鬼！你这个二流子！你这

个该死的家伙！你竟敢在这儿胡说八道！”朋友们听到后感到很莫名其妙，大家在想：他这是在骂谁啊？为什么要骂人呢？难道有神经病？

就在朋友们丈二和尚摸不着头脑的时候，巴尔扎克突然安静下来，然后跟朋友说：“对不起各位了，我该去抄我的小说了，我早该去抄我的小说了，你们接着聊吧。”

之后巴尔扎克快速走进自己的工作室。原来，巴尔扎克没有说别人，是在骂自己呢。

巴尔扎克对文学创作的热爱绝对是无与伦比的，因为他过于专注，所以导致他经常会忘记周围发生的一些事物。他不认识居住已久的城市里的街道，但却经常对自己作品中的人物念念不忘，甚至是魂萦梦绕。

有一天朋友看到巴尔扎克要出门，就问他要去哪里，当时巴尔扎克沉浸在自己正在写的小说里，所以没有将思路回归现实，他竟回答朋友说：“我要上阿隆松，上戈乐蒙小姐和贝奈西先生居住的格伦诺布尔城去。”

事实上，他所提及的人名和地名都是他小说作品中的。但是，之后他又把自己那个虚构世界的消息当作现实世界的消息，再郑重其事地告诉他的朋友：“你猜猜，费列士·德·房特内斯娶的是谁？一位葛伦维尔家的小姐啊。他这门亲事结得很不差；葛伦维尔是很有钱的人家，尽管给贝乐孚伊小姐挥霍了不少。”朋友当然不知道他在说什么。

还有一次，巴尔扎克的一位朋友从外地旅行回来，在跟巴尔扎克聊天时谈到他妹妹生病了，巴尔扎克听了朋友的陈述后，竟然对朋友说：“我的朋友，这些事都很对，但是，现在该来谈我们的现实问题了，谈谈欧也妮·葛朗台小姐的事情。”有一次，因为巴尔扎克曾在自己的作品中写到过想送一位朋友一匹白马，然后他在现实生活中真的以为把白马送给朋友了，再见到那个朋友后，急迫地问道："我送你的那匹白马近来好不好呀？"

巴尔扎克的投入在别人眼里甚至是不能理解的，或者说是疯狂的，但就因为如此，他才能够创作出那么深刻的作品，让人们读后切身感受到是那么的有意义。其实，巴尔扎克最开始并不是学习文学，而是学习法律的，但因为如此钟爱文学创作，最终走上了理想之路。

巴尔扎克出生于一个法国大革命后致富的资产阶级家庭，最早，家庭为他选择了受人尊敬的法律职业，并且他也从法科学校毕业，但之后立志当文学家。为了实现理想，他走上了独自生活的创作之路。但是他没有物质保障，曾经一度试笔、从事出版印刷业，但都没有赚到钱。

1822 年，正当巴尔扎克倍受冷遇、生活快到绝望的时刻，他幸运地结识了贝尔尼夫人。这位贝尔尼夫人的母亲曾是王后的侍女，比巴尔扎克大 22 岁，她对宫廷的生活和妇女的命运了然于心。

贝尔尼夫人谈吐高雅，有完美的娇柔感，还有令人心动的同情心以及慈祥的母爱。巴尔扎克被深深吸引，因为巴尔扎克从小没有感受过这样温情的母爱，所以贝尔尼夫人对他的一生产生了重大的影响。

1829 年，巴尔扎克完成长篇小说《朱安党人》。这是巴尔扎克用真名发表的第一部作品，是一部历史小说。该书描述了 1800 年法国布列塔尼在保皇党煽动下发生的反对共和国政府的暴动，作品中大大美化了朱安党首领孟多兰侯爵，表现出他当时对贵族的同情。这篇小说是巴尔扎克走向批判现实主义的第一步，着重反映当代社会生活，也为后人留下了宝贵的经典之作。

第二节　大仲马
——为别人撰写剧本时看到新希望

亚历山大·仲马，也称大仲马，法国19世纪浪漫主义作家。大仲马各种著作达300卷之多，主要为小说和剧作。大仲马信守共和政见，反对君主专政。大仲马的主要成就在于小说创作方面，代表作有《三个火枪手》（1844）、《玛尔戈王后》（1845）和《基度山伯爵》（1845，又名《基度山恩仇记》）。“文学之父”维克多·雨果曾经对他作了最中肯、最感人的评价：“他的为人像夏日的雷雨那样爽快，他是个讨人喜爱的人。他是密云，他是雷鸣，他是闪电，但他从未伤害过任何人。谁都知道，他待人温和，为人宽厚，就像大旱中的甘霖。”

走自己的路就是对的路

大仲马从小与母亲相依为命，13岁之前没念过什么书，童年的他整日在森林中游荡，肚子饿了就捉野鸟吃。后来机缘巧合，大仲马认识了一位叫阿道夫的贵族朋友，从而进入文学的殿堂，立志要成为一个作家。

20岁那年，大仲马准备去巴黎闯天下，但他没有一分钱，根本没法去。有一天晚上，大仲马来到一个酒店与人赌弹子，要知道，他在乡间游逛时经常练这个，所以技艺很高超，凭借这个他赢了满满一口袋钱，

就在当夜，他匆忙告别母亲，兴奋地前往巴黎。

到巴黎之后，大仲马遇到了父亲以前的朋友——福阿将军，经过将军的举荐，他当上奥尔良公爵府的公务员。自此，开始了稳定的生活。不久后，孝顺的大仲马把母亲也接到了巴黎，母子二人相依为命。为了让两个人的生活有更好的保障，大仲马利用业余时间经常替法兰西剧院誊写剧本，挣些外快。在这个过程中，他看到了许多让他痴迷的精妙的剧本，从此他开始动手写自己的剧本。

有一天，他来到法兰西剧院，走进当时一位著名的悲剧演员的化妆室，演员名字叫塔玛。他对塔玛说："先生，我想成为一个剧作家，你能用手碰碰我的额头，给我带来好运气吗？"塔玛听到大仲马的话后，微笑了一下，然后把手放在了大仲马的额头上，并说："我以莎士比亚和席勒的名义特此为你这个诗人洗礼！"

大仲马并没在意这位大演员所开的善意的玩笑，而是将自己的手放在胸口上，然后郑重其事地对塔玛说："我要在你和全世界人面前证实我能做到！"

但大仲马的创作之路并没有那么顺利，他花了 3 年多时间写了很多剧本，但没有一部作品被剧院接受。

直到 1829 年 2 月 11 日的傍晚，他才收到法兰西剧院给他送来的一张便条，内容是："亚历山大·仲马先生，你的剧作《亨利三世》将于今晚在本院演出。"大仲马看后简直不敢相信自己的眼睛，这是真的吗？他问自己。然后他手忙脚乱地穿好衣服，猛然才发现自己没有一件体面的硬领，无奈之下，他就用硬纸剪了个硬领，然后套在脖子上，飞奔着前往剧院。

可惜的是，到了剧院后他无法靠近舞台，因为当时的场面太火爆了，就连座席间的通道上都站满了观众。直到演出幕落以后，剧院的主持人才请这位剧作家上台与观众见面。

当他上台后，剧场顿时爆发出雷鸣般喝彩声。当时的报纸如此描述他：“他的头昂得那么高，蓬乱的头发仿佛要碰到星星似的。”从此这个带着“硬纸领子”的混血儿一夜成名，成为巴黎戏剧舞台上的新帝王。

不久，大仲马的另一个剧本《安东尼》上演，同样获得了巨大的成功。可以说，大仲马在短短的两年时间里就成了巴黎最走红的青年剧作家。可即使这样，巴黎的很多贵族和一些文坛名家们依旧因为他的出身而蔑视他，甚至嘲讽他的黑奴姓氏，不放过任何嘲笑他的机会。

大仲马在家人极力反对的情况下，坚持走自己的路，并坚信自己最终能够成功，这种对自己的信任和对事情的坚持是十分宝贵的。试想当下，多少人因为没有兑现当初对自己的承诺而悔恨？多少人因为走了别人为自己设计好的路而感到没意义？文学之路并不是那么容易的，但大仲马依旧无畏前行，最终取得了巨大成功。

据说，大仲马曾经在一个文学沙龙里见到了巴尔扎克，当时巴尔扎克拒绝与他碰杯，还傲慢地对他说：“在我才华用尽的时候，我就去写剧本了。”大仲马斩钉截铁地回答道：“那你现在就可以开始了！”巴尔扎克听到了这句话后非常恼火，进而想利用大仲马的身世侮辱他：“在我写剧本之前，还是请你先给我谈谈你的祖先吧——这倒是个绝妙的题材！”大仲马很生气，就这样回答他：“我父亲是个克里奥尔人，我祖父是个黑人，我曾祖父是个猴子；我的家就是在你家搬走的地方发源的……”

以身作则，起到榜样作用

有一天，大仲马一位要好的朋友过来拜访他，看见他正一个人坐在书桌前低声抽泣着，边流泪便用双手抚摸稿纸。这个朋友不忍打扰他，就默默坐在一旁的沙发上等大仲马平复了情绪再上前说话。但是，他等了好长一段时间都不见大仲马的情绪有所好转，想了又想，他决定上前去劝劝大仲马。

这个朋友拍了拍大仲马的肩膀，然后关心地问："亲爱的，到底发生了什么事，令你如此伤心？"

大仲马这才回头一看，原来是好友来了！就把自己伤心的事情向朋友说了一遍。原来，大仲马正在创作《三个火枪手》，写到后边时候，因为故事情节发展的需要，作品中一个火枪手到了非死不可的地步。但是大仲马特别喜欢这个火枪手，一直想要找到改变这个人物命运的方式，但是他没办法做到。

一想到自己最喜欢的英雄人物即将被自己"杀掉"，即使是作为创作者的自己对此也无能为力，大仲马就不由得无限悲伤。

他的朋友最初还以为大仲马出了什么事了，一听完他的纠结之处，笑着对大仲马说："我的朋友，你可知道我已来了多久了……"正在这时，大仲马的一位仆人从门口经过时也听了他们的对话，也笑了，然后对大仲马的这位朋友说道："先生，您不过来了 45 分钟，但我的主人已经哭了好几个小时了！"

大仲马不仅对自己作品表现出极其的专注，在教育孩子方面也很有方法。他的儿子小仲马在他耳濡目染下，也有着文学青年的毅力和"傲骨"。

一天，大仲马得知儿子小仲马也在不断往外寄稿子，但是经常碰壁，就对小仲马说："倘若你在寄稿时，随同给编辑先生们寄一封短信，即使是信上只写一句话，表明'我是大仲马的儿子'之类，那么情况也许就要好多了。"

小仲马听后摇摇头，然后固执地说："不行，我可不想坐在您的肩膀上摘苹果，那样摘来的苹果没味道。”

虽然那时候小仲马还很年轻，但他懂得拒绝以父亲的盛名做自己事业的敲门砖，为了不露声色，他甚至给自己取了十几个其他姓氏的笔名，就是害怕那些编辑先生会把他和父亲联系起来。

小仲马面对一张张冷酷无情的退稿笺并没有沮丧，依旧不受影响，且不露声色地坚持创作。就在他的长篇小说《茶花女》寄出后，终于等来了很好的回馈……

《茶花女》以其绝妙的构思和精彩的文笔震撼了一位资深编辑。这位资深编辑之前也与大仲马有书信来往，当他看到寄稿人的地址和大作家大仲马家一模一样后，怀疑这篇作品就是大仲马写的，只是他另取了笔名而已。但是仔细想来，这个作品的风格和大仲马的风格又是迥然不同的。

这位编辑觉得疑点重重，就带着兴奋心情迫不及待地乘车造访大仲马。最终得出一个令他大吃一惊结果——《茶花女》这部作品的作者竟然是大仲马的年轻儿子小仲马。编辑吃惊之余，不禁问小仲马：“您为何不在稿子上签您的真实姓名呢？”小仲马说：“我只想拥有真实的高度。”

老编辑对小仲马的做法赞叹不已。事实上，小仲马的《茶花女》之所以写得那么深入人心，是因为其实他是根据自己的爱情经历写出来的，一经出版，法国文坛书评家一致认为这部作品的价值大大超越了大仲马的代表作《基度山恩仇记》，从此小仲马声誉鹊起。

在大仲马的熏陶下，小仲马作为名作家的儿子，以做事情踏实勤恳的态度来进行创作，写出了享誉文坛的经典之作，这种做法确实是值得我们学习的。

大仲马和小仲马是世界文坛的佼佼者，后来也有很多人将他们混为一谈，就是因为他们不知道、或者说他们不太敢相信一对父子都能在世界文坛取得那么巨大的成就。大仲马的作品故事生动、情节曲折、引人入胜，是 19 世纪上半期法国乃至世界文坛上少有的多产作家。

第三节 歌德
——文学道路上的基石是诸多有趣的故事

约翰·沃尔夫冈·冯·歌德，出生于莱茵河畔法兰克福，是著名诗人、自然科学家、文艺理论家和政治人物。歌德是魏玛古典主义最著名的代表，他是德国最伟大的作家之一，也是世界文学领域的一个出类拔萃的光辉人物。歌德于 1832 年 3 月 22 日 11 点半病逝，他的临终遗言是："给我更多的灯吧！"这体现了他作为大文豪的乐观精神。3 月 26 日葬于诸侯墓地。

细心听从母亲的教导

歌德最早就读于全国最好的学校之一——萨克森 - 科堡大公国的首府科堡的卡西米利安乌姆中学，之后又来到莱比锡学习法学，在韦茨拉尔的最高法院工作，最后定居于他的故乡莱茵河畔法兰克福。

歌德的家在牡鹿沟街，他的家很宽敞大气，生活条件也不错。他在

这里逐渐发展自己的兴趣爱好，他希望能够建立一间自然博物陈列室。

歌德的母亲叫卡特丽娜·伊丽莎白·歌德，娘家姓泰克斯托，母亲身份高贵，是法兰克福市长的女儿。歌德的母亲在17岁时嫁给了当时38岁的议员父亲——歌德先生。歌德接受父亲和家庭教师的教育，从小就学习骑术和击剑，同时对文学产生了极大兴趣。

在文学方面，歌德最早把注意力放到了克洛普斯托克以及荷马身上。14岁时，他希望去参加一个田园诗协会。歌德的爱好广泛，他也十分喜欢戏剧，所以在法国占领期间，他经常去法国剧院。

1763年他在一场音乐会上见到了莫扎特，那时候莫扎特才7岁。1765年9月30日，他离开法兰克福，到莱比锡学习法学。

歌德的家境富裕，他的父亲对他是十分严厉而严肃的。母亲却十分温情，和父亲大不一样。歌德的母亲温柔、体贴，经常用母爱安抚、保护、激励歌德，支持歌德在任何方面的学习兴趣，同时尽最大努力培养歌德对于文学的正确理解能力。

母亲经常把歌德放在自己的膝头，然后耐心为他讲述很多有趣的故事。歌德母亲的语言表达能力十分强，言辞不仅新奇还很丰富，讲出的故事经常让歌德听得如醉如痴。在母亲的影响下，歌德也传承了母亲的这种才能，也是个内心丰富的人。在成年以后，歌德的母亲仍像是他的朋友一般，他们经常共同探讨某个问题。

对于歌德的作品，他的母亲总是耐心品读，然后给歌德一个恰如其分的评论。歌德从小悟性就极高，总是一点就通，然后快速改变自己暴露出来的各种不足。

歌德是一个拥有极大魅力的人，所以他创作出来的作品才那么吸引人，而造就他这种性格特点的原因就是他有着丰富的人生。这表现在许多相互映衬的方面，基本上每个这样的方面都被人研究了数十年之久的时间，并在一定程度上构成了一篇独立的传记。

想办法第一时间解决困惑

歌德在莱比锡上大学的时候，为一段真挚的感情付出很多。当时他爱上了当地的一个女孩，面对爱情，他是如此认真和冲动，为了那个女孩，他写了很多首动人的诗篇，然后送给那位女孩。但遗憾的是，那个女孩一点也不领情，她并不喜欢歌德，总是对他不理不睬，让歌德感到很痛苦。

后来，歌德和一位好朋友聊起这件令他伤心的事情，朋友对他非常同情，然后建议他去德累斯顿城找一位老鞋匠，告诉歌德那个鞋匠也许能够帮助他，告诉他该怎么做。

歌德急于找到答案，就真的去找那个鞋匠了。按照朋友给他留下的地址，歌德终于找到了老鞋匠，然后把自己的故事向这位鞋匠一五一十地说了又说，最后问老人有什么建议，还问他在年轻时候是不是也碰上过这样的事情。

老人听后笑了笑，然后对歌德说："我年轻的时候就在这里修鞋，已经修了几十年，在我的鞋摊前，总是会有一个漂亮的姑娘路过。我知道她是一个富翁家的女儿，家庭条件特别好，家教也好。每次看到她从这里经过，我的心就会怦怦跳起来，认为整个生活充满了阳光。

但是我知道，我们的差距实在太大了，所以我一直没敢对她表白，就这样暗自观察她 3 年，也暗恋了她 3 年。后来，她结婚了，我听到消息后很是伤心，之后就把这段经历深埋在心底，但是，我依旧默默地祝福她，希望她能够幸福。

后来我也结了婚，日子过得同样不错。就这样几十年过去了，我有时候还能见到她，只是我们都老啦，我们的孩子也都逐渐长大了，时间过得可真快呀。”

歌德听到这儿，着急地问：“那么，您从来就没有向她表达过一星半点？她知道您对她的暗恋吗？”

鞋匠回道：“不知道，我从来没提起过。”过了一会，老人又慢悠悠地说，“这其实一点都不重要。”歌德反问道：“这还不重要？什么才重要呢？”

老人很认真地盯着歌德，然后字正腔圆地说：“最重要的事其实就是，你爱着的人很幸福，无论这个幸福是不是你给她的！”

歌德从老人这里获得了很大的感悟，从此面对情感方面的问题也豁达了很多，这给他之后的创作之路奠定了必要的基础。

歌德的人生经历很丰富，情感也很丰富，这充分体现在他晚年创作的作品中。重要的如自传性作品《诗与真》《意大利游记》，长篇小说《亲和力》和《威廉·麦斯特的漫游时代》，抒情诗集《西方和东方的合集》，逝世前不久又完成了《浮士德》第二部。这些作品表现了歌德重视实践、肯为人类幸福而劳动的思想，说明他思想中的积极因素比前一时期有所增长。《浮士德》第二部的完成尤其突出地表现了歌德晚年思想上、艺术上的新发展。

此外，歌德还是个造诣颇深的画家，他求知欲非常强，思维极其活跃，拥有敏锐的感官。在绘画艺术上，他一直热情地进行实践，一生画了2700幅之多的作品，其中绝大多数是风景画，与他的文学作品一样闻名于世。

第四节　托尔斯泰
——对农奴制的批判态度源自于战争

托尔斯泰，全名为列夫·尼古拉耶维奇·托尔斯泰，俄国作家、思想家，19 世纪末 20 世纪初最伟大的文学家，19 世纪中期俄国伟大的批判现实主义作家，世界文学史上最杰出的作家之一，他被称为具有“最清醒的现实主义”的“天才艺术家”。他的主要作品有长篇小说《战争与和平》《安娜·卡列尼娜》《复活》，同时，他也创作了大量的童话故事。因为他的作品深刻地展现了俄国剧烈的社会变动，所以列宁称他是“俄国革命的镜子”。

从小就受战争的“启迪”

托尔斯泰的人生充满坎坷，他 1 岁半丧母，10 岁丧父，父亲去世后他不得不由亲戚抚养至成人。1844 年，托尔斯泰进入喀山大学学习法律与东方语言，只是没有取得学位。1847 年他中断学习，回到亚斯纳亚博利尔纳经营庄园，与此同时自己安排学业，还经常给贫苦农民送茅草。他是一个善良的人。

托尔斯泰在 1851 年和他的兄长一起去高加索服兵役，与此同时，他尝试写作，并且对自己的行为进行仔细分析。1852 年，托尔斯泰在一场战斗中表现勇敢，受到一致好评，同时他发表了小说《童年》。托尔斯泰对作品中小主人翁单纯的内心世界进行了细腻描写，展现了一位聪颖、敏感的儿童的精神成长过程。

1853年，托尔斯泰在读了屠格涅夫的《猎人笔记》后，对屠格涅夫非常钦佩，开始视屠格涅夫为学习的偶像。1854年，因为战事需要，托尔斯泰被调往多瑙河战线，参与了克里米亚战争中的“塞瓦斯托波尔围城战”，在这场战役中，他深刻体会到了战争的残酷以及战争给人民带来的伤害。

在这段战斗生涯中，他还在继续分析自己的成长历程，并在休息时间里完成了《少年》和《青年》，这成为研究他思想成长的重要资料。他将自己的战争经历撰写成《塞瓦斯托波尔故事集》，这个作品在发表之后立即受到很多人的欢迎，他也因此在文学界积攒了一些小名气。后来屠格涅夫和涅克拉索夫开始注意并关注他，且都对他抱有很大希望。

1855年11月，托尔斯泰终于离开了不停征战的军队，回到家乡圣彼得堡。突然结束军人生活的他这一段时间感到很矛盾，他突然失去了人生方向，回到现实生活中表现得有些不知所措。他重新投入娱乐圈子，开始酗酒、赌博，他矛盾极了，因为他清楚地知道自己不能再这样下去了……

但是他控制不了自己的行为，不仅如此，他还对别人类似的行为大加挞伐。这种自相矛盾、极为偏激的做法很令人厌恶，使他逐渐不被文学圈子所容。

其中，最典型的例子就是他与屠格涅夫的故事。

屠格涅夫是个性情温和的人，他对托尔斯泰有一种父辈一般的特殊感情，他非常赞赏托尔斯泰的天赋，所以急切希望他不要虚度光阴，不要再浪费自己的天才般的能力，他认为，只要托尔斯泰能做到这些，一定会取得成就。但是，青年的托尔斯泰虽然和屠格涅夫相处很好，但也经常发生争吵，最终，两人于 1861 年开始进行了长达 17 年的决裂……托尔斯泰在写给朋友的信中说道："屠格涅夫令人厌烦……他才华横溢，但他就像一个依靠管道送水的喷泉，你始终担心他会很快断水枯竭。"

可以说，托尔斯泰是个文学怪才。他从小就开始接受典型的贵族家庭教育，他在 1845 年考入喀山大学东方语言系，攻读土耳其、阿拉伯语，为日后担当一名外交官做准备。但是他期中考试没有及格，第二年转读法律系。后来，托尔斯泰痴恋社交生活，并不专心学习，并开始对道德哲学产生浓厚的兴趣，喜爱卢梭的学说及其为人，然后大量泛阅读类似的文学作品。

因为在每一个战役中，他都看到平民出身的军官和士兵的英勇精神和优秀品质，所以他加强了对普通人民的同情和对农奴制的批判。

退役后，他来到法国、瑞士、意大利以及德国进行游历。游历中，他发现法国的"社会自由"非常令他赞赏，但是巴黎的断头台一次行刑的情景则使他深感厌恶；在瑞士，他看到英国资产阶级绅士的自私和冷酷，从而萌生莫大的愤慨……在这次出国游历后，他不仅扩大了文学艺术的视野，还增强了他对俄国社会落后的清晰认识，为日后的文学创作提供了丰富的思想素材。

为了理想可以与"矛盾"同行

对于 19 世纪五六十年代的农奴制改革以及革命形势，托尔斯泰的

思想是极其矛盾的。在1856年，他希望以代役租等方法解放农民，同时在自己庄园开始试行这一思想。但是，当时的农民并不接受，最终没有实现。托尔斯泰是个非常同情农民的人，他厌恶农奴制，但又认为根据“历史的正义”，土地应归地主所有，所以矛盾心理让他感到深深的忧虑。

因为没有办法解决思想上的矛盾，托尔斯泰一度想要在哲学、艺术中逃避现实，但没过多久又让他感到失望。1860年，他的长兄尼古拉逝世，这一事件加深了他的悲观情绪。此后三年间他几乎中断了创作。

托尔斯泰常常同情农民，也因此招致贵族农奴主的敌视。1862年7月，在托尔斯泰外出时，他的家遭到宪兵连续两天的搜查。没多久他就不得不关闭了之前创办的学校。这段时间，他的思想受到了很大的震荡，因为和农民接触过多，改变了他对事物的一些看法，也由此成为他世界观转变的契机和开端。

但是，托尔斯泰心灵的宁静与和谐没有持续太长时间。1869年9月，托尔斯泰办事时途经阿尔扎马斯，他经历了可怕的“阿尔扎马斯的恐怖”。在这个晚上，这个旅馆里，他突然感到一种从未有过的忧愁和恐怖。这就是他与朋友书信里谈及的“自己等待死亡”的阴郁心情。

19世纪70年代初期，“到民间去”的社会运动兴起，托尔斯泰开始了新的思想危机和新的探索时期。他整日惶恐不安，甚至怀疑自己生存的目的和意义，更因自己的贵族寄生生活所处的“可怕地位”而深感苦恼，他迷茫了……他研读各种哲学和宗教书籍，均不能找到答案。那段时间他甚至藏起绳子，出门也不带猎枪，就是害怕自己会因为求得解脱而走上自杀之路。

这些思想情绪在当时创作的《安娜·卡列尼娜》中得到鲜明的反映。

19 世纪七八十年代之交，在全国性大饥荒的强烈影响下，新的革命形势开始酝酿，他的世界观也开始转变，最终转移到宗法制农民的立场上。托尔斯泰在世界观激变后，1882 年～ 1884 年这段时间，他一度想离家出走，这些在他的作品也都有体现。也正是因为他一生不停地处在矛盾之中，不停在找寻出路，这种纠结于现实与理想的矛盾，造就了诸多伟大不朽的作品。这些作品传承至今，让人们感同身受，成为一个时代的缩影。

第五节　雨果
——创作的主导思想是“人道”

维克多·雨果，法国浪漫主义作家，19 世纪前期积极浪漫主义文学运动的代表作家，法国文学史上卓越的资产阶级民主作家，被人们称为“法兰西的莎士比亚”，人道主义代表人物。一生写过多部诗歌、小说、剧本、各种散文和文艺评论及政论文章，是法国有影响的人物。

雨果的创作历程超过 60 年，其作品包括 26 卷诗歌、20 卷小说、12 卷剧本、21 卷哲理论著，合计 79 卷之多。其代表作有《巴黎圣母院》和《悲惨世界》。

要浪漫，不要残暴

1802 年 2 月 26 日，雨果出生于法国贝桑松的一个军官家庭。雨

果爱好文学创作，从中学时期开始写诗。1823年，雨果的政治态度因为“自由主义”的影响而发生改变，他与浪漫派文艺青年缪塞、大仲马等人组成“第二文社”，开始明确反对伪古典主义。

雨果16岁时，在一个烈日炎炎的夏天中午，他路过巴黎法院门前的广场时无意中发现有一群人在吵吵嚷嚷，他放眼望去，有一群人围在不远处。雨果因为好奇也挤进去想看看究竟。

原来，一个衣服褴褛的姑娘被人群围住，她被绑在粗大的木桩上，一个油黑发亮的铁圈锁在了她的脖子上。她头上钉着一个告示，脚下还有一盆烧得通红的炭。更令人触目惊心的是，炭火里还有一把木柄烙铁，已经被炭烧得红红的。

雨果想要看看告示上写的是什么，但还没来得及看清，就听见教堂里的钟声响了，一共敲了12下。这时，一个上身没穿衣服的汉子不紧不慢地走到这位姑娘身后，开始解姑娘背上的绳子，当她的衣服袒露到腰部，赫然露出后背时，汉子拿起烧得通红的烙铁，快速地从姑娘的肩上往下烙。

当烙铁接触到姑娘的肉时，顿时就有一股白色的烟雾冒起，姑娘发出凄惨的叫声，然后一股焦臭味儿在空中散发出来。雨果看到这一幕马上闭上了眼睛，不忍再看。

这件事在雨果的心灵上留下了深深的烙印，和烧红的烙铁烙在女孩身上的感觉是一样的。而这一人间惨剧正是当年残暴社会的缩影。40多年后，雨果在给友人的信中还心有余悸地说：“在我的耳朵里仍然响着那被折磨女子的惨痛的呼喊——在我心灵上永远不能磨灭的呼喊。”

其实，在雨果的小说人物中，我们时常能够看到这一可怜女子的影子……

雨果是法国文学史上一位重要的作家，他一生追随时代步伐前进，是 19 世纪前期积极浪漫主义文学运动的领袖，法国文学史上卓越的资产阶级民主作家。他几乎经历了 19 世纪法国的所有重大事变，他的创作主导思想是人道主义、反对暴力和以爱制恶。

雨果是一位充满战斗精神的诗人，他曾经用自己作品换取的报酬买了两门大炮贡献给国家，支持国家抗战，是个极具爱国精神，反对封建帝制，崇尚民主的人。此外，在文学作品方面，他以《处罚集》《凶年论》等气势恢宏、感情奔放的动人诗篇，吹响了反对帝制、歌颂光明的斗争号角，是资产阶级民主主义的卓越代表。

罗曼·罗兰曾如此赞扬过雨果："在文学界和艺术界的所有伟人中，雨果是唯一活在法兰西人民心中的伟人。"

要与正义做朋友

1830 年 2 月 25 日晚上，在法国巴黎的法兰西剧院里，上演了雨果的浪漫新剧《欧那尼》。但是，在表演的过程中，舞台下竟然乱成一团，不仅有喝彩声和掌声，还有激烈的争吵声与斥责声，甚至还经常出现恼人的嘘声，各种声音此起彼伏，将这场表演烘托得不可开交。

对于雨果的这部作品《欧那尼》，保守派表现激烈，他们提出反对，说："在你的舞台上，一会儿是西班牙广场，一会儿是德国城市，难道西班牙距德国就这么几步吗？"由于当时很多人信奉迂腐的古典主义原则，也就是说，在一个舞台上只能出现一个地方。

那些拥护雨果的人，大部分都是年轻人，年轻人比较开明，他们中有音乐家、画家、雕刻家、文艺家以及建筑家等，而其中，还有另一位法国极为著名文学巨匠——巴尔扎克。那些偏激的保守派，将剧院里的垃圾都收集起来，然后纷纷爬上屋顶，扔向雨果的拥护者。其中巴尔扎克也被一个白菜根丢到脑袋上了。

这些支持雨果的年轻人个个义愤填膺，毫不屈服，就算是被丢垃圾也拼命为演出叫好。只可惜当时他们人数要少得多，几乎是以一当十，然而他们依旧将保守阵营冲击得落花流水。

所以，《欧那尼》的演出也算得上是一场成功的演出，这场演出标志着法国文学史上浪漫主义对古典主义的决定性胜利。

这次演出之后，雨果搬离旧居，选择了新居，开始潜心创作新的小说，就是之后举世闻名的《巴黎圣母院》。这次创作历时一年时间，是一部充满雨果特色的浪漫主义杰作。

这部小说的主要内容是描写巴黎圣母院教堂的副主教，他想要占有一个在街头卖唱的美丽少女爱斯梅哈尔达，但是他没有得手，因为愤怒就诬告女孩是杀人凶手，想要将女孩推上断头台。在圣母院里有一位相貌奇丑的敲钟人，叫加西莫多，他非常喜欢爱斯梅哈尔达，后来去劫法场救出了爱斯梅哈尔达，然后将她并藏在圣母院中。但是最后，爱斯梅哈尔达还是被副教主交给官兵判处绞刑，而加西莫多在愤怒之下把副主教推下楼顶，自己则自尽在爱斯梅哈尔达的坟前。

这就是雨果充满积极浪漫主义色彩的作品——《巴黎圣母院》紧张又曲折的情节，反映了中世纪封建专制的黑暗现实，揭露了反动教会的荒淫和虚伪。《巴黎圣母院》在出版之后立即轰动了整个法国，甚至是整个世界文坛。在作品中，我们能清晰地看到雨果对现实萌生的希望以及正义与邪恶做斗争的过程。他坚信正义，一心希望邪恶会被铲除。这也引起了同样坚持正义者的爱戴。

雨果于 1885 年因病逝世，法国举国致哀，雨果用他伟大的人格和不朽的作品，赢得了全世界人民的尊重。

第六节　林则徐
——先有开眼看世界，再有万古流芳名

林则徐（1785 年 8 月 30 日～ 1850 年 11 月 22 日），福建省侯官（今福州市区）人，字元抚。林则徐是中国清朝后期政治家、思想家和诗人，官至一品，曾任湖广总督、陕甘总督和云贵总督，两次受命钦差大臣；因其主张严禁鸦片、抵抗西方列强的侵略，在中国有“民族英雄”之誉。

开明的教化将他引入新的道路

1839 年，林则徐在广东主持禁烟运动，迫使外国那些鸦片商人将害人的鸦片交出来，最后在虎门进行统一销毁。这就是震惊中外的“虎门销烟”。虎门销烟后，中英关系达到了极度紧张的状态，后来成为爆发第一次鸦片战争的导火索。林则徐之所以能够做出这样敢为天下先的事情，和他具有的创新开拓性的思维有关。他希望国家能够走出腐朽，迈向新纪元。

对当时社会来说，拥有这样思想的人实在不多，而林则徐开拓性的思想得益于他的父亲。

林则徐童年家境寒苦，但他拥有一个开明的父亲，此外，他拥有一

个温馨的家庭，在这种大环境下，他非常快乐地成长。所以他从小就懂得知足常乐的道理。林则徐 14 岁时考上秀才，同年，与郑大模之女郑淑卿订婚。要知道，在当时那个年代，进士门第出身的郑家千金选择嫁给家境寒苦的林家秀才，几乎是不可能的事情。

林则徐的父亲叫林宾日，是一位私塾教师，虽然他在中了秀才后能够领取公粮，但是因为家里人口很多，粮不够吃，有时三餐都无以为继。林则徐虽然不用为家计问题操心，但他每天到书塾之前都会先把母亲和姊妹们加工的工艺品取来，到店铺里寄卖。在每天结束课程后，再到店铺收钱，然后拿回家交给母亲。虽然林家很贫苦，尤其是在他童年时期，但是他接受了严格的家教，这使他日后升至高官时都能保持清俭的习惯和察民疾苦的作风。

林宾日非常重视对林则徐的教育。林则徐 4 岁时入私塾，7 岁已经熟练文体，这在当时来说是非常早的。

林宾日的教学方法与一般的教书先生不一样，他的教育态度十分讲究，并且很开明。他不单单是注重学问方面，而且非常注重品格与修养。对于知识他不求死背，对于孩子不听话他不求体罚，而是循循善诱，因材施教。所以在他教书的50年时间里，中举或考上进士的学生多达数十人，当然，最为杰出的还是他的儿子林则徐。

林则徐不负父亲的期望，最终出落成一个有先进思想的人。给“开眼看世界”铺垫好了宽阔的道路，使他能够客观看待当时的社会情况，分析利弊，做出惊世之举。

林则徐用一生时间来对抗西方的入侵，即使这样，他对西方的态度却很客观。对于西方的文化、科技以及贸易，他主张要持开放态度，甚

至要“学其优而用之”。根据文献记载，林则徐至少略通英、葡这两种外语，而且，他也曾经着力翻译西方报刊和书籍。晚清思想家魏源将林则徐及幕僚翻译的文书合编为《海国图志》，此书对晚清的洋务运动乃至日本的明治维新都具有启发作用。

虎门销烟，敢为天下先

1839 年 6 月 3 日早上，天刚蒙蒙亮，整个广州城人声喧闹。在城门旁，张贴着一张大布告，引来一批又一批的人围观。其中有人看着告示大声宣读起来：“钦差大臣林则徐，遵皇上御旨，于 6 月 3 日在虎门滩将收缴的洋人鸦片当众销毁，沿海居民和在广州的外国人，可前往观瞻……”不识字的老年人一边听一边点着头，然后开始笑盈盈地捋起胡须。那些热血青年们则是兴奋地挥着拳头，对林大人赞不绝口。顽皮的孩子们在人群里钻来钻去，然后兴高采烈地叫喊着：“烧洋鬼子的大烟了，快到虎门滩去看呀！”

这天，百姓们成群结队，敲锣打鼓，着节日盛装，甚至有的人舞起狮子和龙灯……孩子们拿着竹竿挑着一挂挂鞭炮放，发出震耳欲聋的噼里啪啦声。大批人流向虎门滩涌去。前往虎门滩的群众，必须要经过英国洋馆。以前在那里英国人都是那么的趾高气扬、不可一世。但是这一天，这个地方却死一般寂静，只有几个人在窗口处向外探望，他们看见外面人海如潮，喊声震天，不由得吓得赶忙把头缩了回去。

虎门离广州城大约有一百多里地，虎门滩的高处，人们挖了两个 15 丈见方的销烟池，池子前面有一个直通大海的涵洞，后面有一个水沟，能往里灌水。池子周围搭了几个高台，林则徐等文武官员就站在高台上监督销烟。

进行销烟运动的民夫先把池子灌上水，之后就把一包包海盐倒入池内，然后再把烟土切成四瓣后扔到水里。稍等片刻，烟土泡透，他们再将生石灰倒入池子里。没一会，池子里就像开了锅似的，人们看到黑色的鸦片就像无数条鱼一样在池子里翻来滚去，一团团白色烟雾从池子里往上蒸腾，弥漫了整个虎门滩。围观的人们看到这一幕后不由得欢呼跳跃起来。就在大家的欢呼声中，通向大海的涵洞被打开了，已经被销毁的鸦片瞬间被咆哮的海水卷走了。

那些看到这惊天动地的场面的外国商人无不震惊万分，但他们依旧恭恭敬敬地走到林则徐的台前，摘下帽子，躬身弯腰，以表敬畏。林则徐则浩然正气地对他们说："现在你们都看到了，天朝严令禁烟。希望你们回去以后，转告各国商人，从此要专做正当生意，千万不要违犯天朝禁令。走私鸦片，自投罗网。"

商人们虽然心疼极了，但只能洗耳恭听，且连声称是。就这样，历时 23 天销毁了两万多箱的鸦片。这一壮举，大长了中国人民的志气，大灭了外国侵略者的威风。

在广州禁止鸦片的过程中，林则徐已经想到英国殖民者不肯放弃罪恶的鸦片贸易，同时蓄谋要用武力手段对中国进行侵略。为抗击鸦片侵略，战胜敌人，他进行了大量的"师敌之长技以制敌"的军事变革实践。

后来，他亲自主持并组织翻译班子，对外国书刊进行翻译，然后把外国人讲述中国的言论翻译成《华事夷言》，译成之后成为当时官吏的"参考消息"。当时，林则徐希望了解外国的军事、政治、经济等情报，所以将英商主办的《广州周报》进行翻译，成为《澳门新闻报》。

同时，为了解西方的历史、地理、政治等知识，更广泛地认识世界各国的情况，他又组织人员翻译了英国人慕瑞的《世界地理大全》，编为《四洲志》。还组织翻译瑞士法学家瓦特尔的《国际法》等一系列著作。通过对外国进行各方面分析，他认识到只有向西方国家学习才能抵御外国的侵略。

林则徐在了解世界、研究西方方面带了头，成为中国近代传播西方文化、促进西学东渐的带头人。林则徐禁烟、销烟的壮举还受到了马克思的称赞。1858 年，马克思在所著鸦片贸易专论里就肯定了林则徐的这一禁烟壮举。后来，“国际联盟”把虎门销烟开始的日期——6 月 3 日定为“国际禁烟日”。

第七节　严复
——因为开创中国现代文学成为一代宗师

严复（1854 年～ 1921 年），原名宗光，字又陵，后改名复，字几道，汉族，福建人，先后毕业于福建船政学堂和英国皇家海军学院，曾担任过京师大学堂译局总办、上海复旦公学校长、安庆高等师范学堂校长，清朝学部名辞馆总编辑。他宣传维新变法思想，将西方的社会学、政治学、政治经济学、哲学和自然科学介绍到中国，是中国近代史上向西方国家寻找真理的“先进的中国人”之一。

开办著名的北洋水师

严复任总办的北洋水师学堂，是一所曾被时人推崇为“实开北方风气之先，立中国兵舰之本”的新式海军学校，这所学校在20年的时间里就为社会培养了很多人才，其中著名的有南开大学校长张伯苓、民国大总统黎元洪、北洋大学教务提调王劭廉以及著名翻译家伍光建等。

严复这个人对待对弟子们表现得有些苛刻，有这样的记载：“复管理十余年北洋学堂，质实言之，其中弟子无得意者。伍昭扆（光建）有学识，而性情乖张；王少泉（劭廉）笃实，而过于拘谨。二者之外，余虽名位煊赫，皆庸才也。”1900年，就在八国联军侵入天津时，严复努力维系20多年的北洋水师学堂在炮火中被摧毁。严复因此受到极大的思想打击，他后来被迫迁居上海。

严复的思想具有时代先进性，他反对顽固保守的思想，是个维新派思想家。他不仅著文阐述维新的重要性、必要性及迫切性，还翻译了英国生物学家赫胥黎的《天演论》，以“物竞天择、适者生存”、“时代必进，后胜于今”为救亡图存的依据。这在当时来说产生了极为重要的影响。在“戊戌变法”后，严复开始翻译西方资产阶级哲学社会学说和一些自然科学方面的著作，是一个资产阶级启蒙思想家。

在教育下一代问题上严格把关

1906年，严复时任安徽高等师范学堂校长，当时复旦分学校长马相伯要去日本，就致函给严复，请他帮忙接任校长这一要职。严复在接到消息后就给甥女何纫兰写信：“本日复旦诸生以书恳我为之校长，经诺之矣。不识能兼顾否？”

也许是因为复旦公学短时间内难找到更合适的人选，所以时隔不久有关方面同意了。严复开始频繁穿梭奔走在两地间，去处理校长职位需要处理的各种事务。

就在严复担任复旦公学校长没多久，学校资金紧张，学校所有员工两个月都拿不到工资了。严复在无奈下想出了“寅吃卯粮”的办法，他好几次到南京去面见两江总督端方，商量是否能预支一部分明年的经费。

严复就这样身兼两职，后来他考虑到自己的精力有限，无暇两顾，就向端方提出辞去复旦公学校长之职。端方听到他要辞职的消息后，就答应预支给他一部分，所以严复辞职一事搁在一边。

严复继续做复旦公学校长。任职期间，他除了整顿校纪、精简编制外，最大的问题就是经费问题，且始终困扰着他，学校那些必要的校舍建设因为经费不足无法施行。1907 年 2 月他给夫人朱明丽的信中提到：“复旦事甚难办。此次到宁，须与端督院破脑决断。若不起校舍，吾亦不能办也。”

因为严复一而再再而三地递交辞呈，再加上他任两个学校的校长确实不是长久之计，两江总督最终批准严复辞呈，后来让别人接任。

严复在安徽高等学堂的日子其实也不顺心，早在他接到安徽巡抚的聘书准备上任时，就接到一封警告他不要到任的匿名信，这么大的阻力在他面前，使他很不舒服。他也曾回绝过此职，但因安徽新任巡抚恩铭盛意殷殷，这才正式上任。

到安徽高等学堂任职后，严复就发现学堂守旧、涣散，不利于学生学习，于是下决心做彻底的整顿。严复从学生的考试纪律着手，亲自制订一套严格的考试制度。如此一来，很多不肯刻苦学习的富家子弟在经历几次考试后，很多都达不到学校要求，然后按规定被除名。

严复十分喜爱有见解的学生，对他们青眼有加。有一次，他查阅学生们的考卷，发现一位叫王恺銮的学生写了篇史记，是以《张巡论》为题写的，在文中，这位学生对一向公认的英雄进行了一系列讨伐。严复读完文章先是愣住了，但仔细品味后，又深深为作者的说理打动。

他欣赏这样能尖锐、透彻分析事物的学生，但当他看到阅卷教师只给了这个学生 40 分后摇了摇头……他对这篇文章有点爱不释手，于是亲自动手将文中几句过于偏激、显得幼稚的语句作了修改，之后又叫人把王恺銮叫到跟前，当面表扬、勉励了他，还赏银 10 元。

阅卷教师得知此事后，在没人的时候又偷偷将 40 分改成了 90 分。

在对学生进行一系列考核后，严复又针对教师提出了一次考试计划。在考核之前，他刻意放风出来，说校长要亲自对老师进行面试，校长还要针对各位教师所任课程提出相关问题，让教师作答，回答得不尽人意的教师请卷铺盖走人。

这样的风声一经传出，那些水平欠佳且能力不行的教师就主动提了辞呈。还有几位日本教员，认为这样离开太有损本国声誉，于是硬着头皮等严复召见。在面试时，严复的问题一个接一个，他们大多问题都回答不上来。严复就不客气地说："诸位学业不精，在此传道，不免误人子弟。请回国踏踏实实研究几年，有了真才实学，再来这里教书。"此话一出，这几位教员个个面红耳赤，但又无话可说，只能离开了。

经过这次考核，那些滥竽充数的教工都离开了，严复趁热打铁，开始对教工队伍进行了换血改造，不仅调整了人事，还引进了新的人员。这一番大整顿后，学校的面貌焕然一新。

在教育学子方面，严复严格把关，他知道学生就是国家的脊梁，所以滥竽充数的学生或是老师，他都要清除出去，让学校焕然一新。对教育事业他的眼睛里揉不得沙子，他本人更秉持特立独行的操守。

在翻译学上他更为一时之先，他的思想对后期一大批著名翻译家产生了重要影响，他的很多译著更是留给后世的宝贵遗产。

第八节　鲁迅
——把能消去腐朽的“药”浇铸到文字里

鲁迅（1881 年 9 月 25 日～ 1936 年 10 月 19 日），中国近代著名的文学家、思想家、革命家，是中国现代小说、白话小说和近代文学的奠基人之一。同时，鲁迅还是新文化运动的领导人、左翼文化运动的支持者。毛泽东评价他是：“中国文化革命的主将，他不但是伟大的文学家，而且是伟大的思想家和伟大的革命家。”

再困难也要朝着光明走

鲁迅从小就聪颖勤奋，他小时候，也就是清末时期，绍兴城里的一所著名的私塾叫三味书屋，鲁迅 12 岁时来到这所私塾里跟寿镜吾老师学习，这一学就将近 5 年时间。当时，鲁迅在三味书屋的坐位在书房的东北角，他用的是一张硬木书桌。

鲁迅 13 岁时因为祖父被逮捕入狱，父亲又长期患病，所以家里越来越穷，为了生活，他总是到当铺卖掉家里那些值钱的东西，换了钱后再去药店给父亲买药吃。

有一次，鲁迅的父亲病情加重，他一大早就去当铺当东西，然后又去药店，等他回来上课时老师已经开课一会儿了。

老师看到他迟到了很生气，便说："十几岁的学生，还睡懒觉，上课迟到。下次再迟到就别来了。"鲁迅听后只是点点头，没有为自己作任何辩解，然后低着头，默默走到自己的座位上开始听课。

到了第二天，他很早就来到学校，在自己的书桌的右上角用小刀刻了一个"早"字，自己默默下决心：以后一定要早起，不能再迟到了！

之后的日子里，父亲病越来越严重，鲁迅不得不更加频繁地到当铺去卖东西，然后去药店买药，家里的顶梁柱倒下了，很多活都压在了小小的鲁迅肩上。即使这样，他依旧每天早早起床，有条不紊地料理好家里的各种事情，最后跑到私塾去上课。即使家里的负担很重，且是越来越重，但他上学再也没有迟到过。

鲁迅在少年时期经历了艰苦的日子，他经常气喘吁吁地跑进私塾，每当他看到课桌上的"早"字，就会感到很开心，他心想："我又一次战胜了困难，又一次实现了自己的诺言。我一定加倍努力，做一个信守诺言的人。"

直到后来，他的父亲因为病重去世了，鲁迅仍旧在三味书屋里读书。私塾里有位寿镜吾老师，他质朴、博学，是一位正直的人。老师的为人和治学精神，就像那个刻着"早"字的课桌，激励着鲁迅。

家庭的变故对年少的鲁迅产生了很大影响。在他童年的生活里的百草园、咸亨酒店、外婆家一带的农村等地，到后来都成为鲁迅小说的重

要素材。鲁迅的童年与少年，可以说就是一个从天上跌落到人间的过程。鲁迅对此自述道："我幼小时候，家里还有四五十亩水田，并不很愁生计。但到我 13 岁时，我家忽而遭了一场很大的变故，几乎什么也没有了；我寄住在一个亲戚家，有时还被称为乞食者。我于是决心回家，而我的父亲又生了重病，约有一年多，死去了……"

将同胞从"麻木"中唤醒

当时社会，读书人一般要走的路有三条：第一是读书做官；第二是当不上官的人，去做某一个官僚的"幕友"，即"师爷"；如果前两条道路都走不通，可以选择去经商。鲁迅就选择了一条当时人最看不起的另一条道路——进"洋学堂"。

1898 年，鲁迅 18 岁，那一年，他带着慈母想方设法筹借到的 8 块银圆离开家乡，进了南京水师学堂，后来他又进入南京路矿学堂进行学习。这两所学校有一个相似之处：都是洋务派为了富国强兵而兴办的学校。学校开设了物理、数学、化学等传授自然科学知识的课程，在当时来说，算是比较先进的学科。

学习期间，鲁迅利用课余时间大量阅读了外国文学和社会科学方面的著作，大大开阔了视野。尤其是严复翻译的英国人赫胥黎著的《天演论》，对鲁迅影响较大，也给他很大启发。《天演论》是一部介绍达尔文进化论学说的著作，鲁迅从此书中认识到现实世界并不是和谐完美的，而是充满了激烈的竞争。并且明白了"一个人，一个民族，要想生存，要想发展，就要有自立、自主、自强的精神。不能甘受命运的摆布，不能任凭强者欺凌”。

鲁迅在南京路矿学堂期间因为成绩十分优异，所以享受到了毕业后公费留学日本的机会。他于 1902 年东渡日本，最开始在东京弘文学院补习日语，后来进入仙台医科专门学校（现日本东北大学医学部）学医。他之所以选择学医，是希望日后能够救治像他父亲那样的病人，同时不希望有人再叫中国人“东亚病夫”，希望改善中国人的健康状况，从而促使国家强大。

有一天上课时，老师在教室里放映这样一个片子，里面有一个被说成是“俄国侦探”的中国人，马上就要被手拿钢刀的日本士兵斩首示众。这时候，周围有很多中国人在围看，这些中国人和日本人虽然有一样的强壮身体，但竟然对此无动于衷，脸上满是麻木的神情。这时，鲁迅身边一个日本学生说：“看这些中国人麻木的样子，就知道中国一定会灭亡！”鲁迅听到这话后心里一惊，他突然站起身来，用坚定不屈的眼光盯向那说话的日本人，然后昂首挺胸地走出了教室。

他表面虽然很淡定，但心里早已像大海一样汹涌澎湃。一个是被五花大绑即将处决的中国人，还有一群麻木不仁的看客……这一幕不停在他脑海里闪过，鲁迅思索良久，想到倘若中国人的思想不觉悟，就算是治好了他们的病也只能做毫无意义的示众材料和看客。那么，现在的中国，最需要的不是医治身体，而是改变人们的精神面貌。

这件事对一直在探索救国救民之道的鲁迅产生了很大刺激。他需要唤起同胞们的民族自尊心，更希望将拯救民族、富国强民的斗争精神传达出去。在“看电影事件”之后，他极为沉痛而愤慨地写道：“中国是弱国……也无怪他们疑惑。”他用这样的反语来表达作者的自尊心所受到的挫伤，最终选择改变志向，弃医学文。

最初，鲁迅想通过医学将中国人身体变得强健，所以在日本留学时选择学习医学，但他的这种梦想并没有维持多久就被严酷的现实粉碎了。在这种极大的精神打击下，他开始认识到，精神上的麻木比身体上的虚弱更加可怕。

在日本留学期间，鲁迅先生已经初步形成了他的世界观和人生观。但是，鲁迅的思想并不被大多数人接受。即使是在留日学生中，也很难得到广泛响应。1909 年，鲁迅结束了长达 7 年之久的留日生涯，回到故乡。

其实，我比谁都清醒

鲁迅于 1909 年归国，先后在杭州浙江两级师范学堂及绍兴府中学堂担任教师一职。这段时间的鲁迅，思想极其苦闷。1911 年爆发了辛亥革命，鲁迅为此感到十分振奋，但后来先是袁世凯称帝，继而张勋复辟，中国沉滞落后的现实并没有改变，社会依旧混乱，民族危急存亡以及他本人的婚姻生活也很不幸，都使鲁迅感到压抑。然而“五四运动”之后，他开始将压抑已久的思想感情通过文学作品一一喷发出来，其猛烈程度令人震惊。

有一天，鲁迅穿着一件破旧的衣服去理发店修剪头发，理发师是个势利眼，他见鲁迅穿着很随便，而且看起来很邋遢，就感觉鲁迅是个乞丐，即使不是也好不到哪里去，于是随随便便地给鲁迅剪了头发。

理完发后，鲁迅从衣服口袋里随便抓了一把钱递到理发师手里，然后头也不回地走了。理发师认真一数，发现鲁迅多给了好多钱，当时把他乐坏了。

大约一个多月的光景，鲁迅又来到这个理发店里理发。理发师一眼认出他就是上回多给了钱的顾客，所以对鲁迅非常客气，且很小心地为他理发，在理发过程中还一直问鲁迅的意见，直到鲁迅感到满意为止。本以为鲁迅这次还会胡乱掏一把钱给他，但谁知道这次鲁迅付钱时，很认真地把钱数了又数，一个铜板也没有多给。

理发师觉得很奇怪，忍不住问鲁迅为什么。鲁迅听后笑着说："先生，上回你胡乱地给我剪头发，我就胡乱地付钱给你。这次你很认真地给我剪，所以我就很认真地付钱给你！"

理发师听后立即红了脸，感到很惭愧，然后连忙向鲁迅道歉。

鲁迅先生的理，是剖析事件，是追根溯源，是借鉴经验，以逻辑的推理，采公认的常识，对他笔下的任何问题的解判，都通达顺畅而清楚明白。鲁迅做人如此，做事也如此。他不是一个得理不饶人的无知之辈，更不是一个狂妄的人。鲁迅头脑十分清醒，这也是他在压抑过后，能表现出异常冷静的原因。他时时对自己进行解剖，是清醒得最彻底的一个人。

第4章

追求平等：愿为妇女解放事业抛洒热血

民族的复兴，国家的富强，离不开广大妇女的参与，妇女是一支至关重要的社会力量。但是，在中国封建思想的影响下，女人的地位一直远远不如男人，所以，妇女解放成为一个长期的历史过程……推动妇女解放和妇女进步事业尤为重要，而那些为此而努力的妇女先驱者们在这条路上纷纷留下了足迹。

第一节　向警予
——读书并不是为嫁一个如意丈夫

向警予（1895年～1928年），原名向俊贤，土家族，湖南溆浦人。向警予是中国无产阶级革命家、中国共产党早期妇女运动领导人之一。她1918年参加毛泽东领导的“新民学会”，1922年加入中国共产党，曾任中共中央妇女部部长、中央妇女运动委员会书记、中央妇女工作委员会委员长等职。主编过《妇女周报》，被毛泽东誉为“模范妇女领袖”。

敢于和封建礼教做斗争

向警予的家乡在湖南省溆浦县，这个地方是个受封建礼教影响较大的小山城，这里的女孩子都要裹小脚，但是向警予从小就有“叛逆”思想，她偏不听这一套，就是不裹小脚。不仅如此，她还经常和男孩子比高矮。在她童年时期，心中只佩服一个女英雄——花木兰。

从8岁开始，向警予就跟男孩子一样享受教育，进小学读书，她是全县第一个进学校读书的女孩子。而且她的学习成绩优异，算是全校最好的，那些男孩子都不如她。

后来，向警予从长沙周南女校毕业后回到家乡，正式为实现“教育救国”和妇女解放的理想而奋斗。但是，这个口号说起来容易做起来可不那么容易，她先是克服了重重阻碍，办起了全县第一所男女合校的小学堂。

在开学典礼上，她高兴地高声向女学生大声宣布："为读书而读书，为嫁一个如意的丈夫而读书，不是我们读书的目的，我们读书的目的是要做个新国民。"她知道，这里有很多女学生仍然被旧的封建礼教毒害着，她们被裹着小脚……向警予看到这样的学生后就非常气愤，然后鼓励她们勇敢地"放脚"，甚至有时候还亲自给她们解裹脚布。

有些女孩子害怕因为放脚而挨父母打骂，就不敢回家，向警予就和老师一起，挨个把学生送回家去，然后对她们的父母进行说服。

1918 年，向警予加入新民学会，那一年，她还创办了妇女刊物《女界钟》，这本刊物传播了新文化与新思潮，在当时来说非常宝贵。第二年，向警予前往法国留学，期间她勤工俭学，那时候她还提出了"中国将来的改造完全实用社会主义的原理和方法"，但想要达成，就必须先建立中国共产党，以"实行无产阶级革命和无产阶级专政"。在这一时期，向警予已经从一个激进的民主主义者向共产主义者转变了。

中国共产党成立后，中国各地都掀起了工人运动高潮，向警予当时是党中央妇女部长，她知道："只有彻底推翻北洋军阀的统治，彻底打倒帝国主义，只有整个民族、整个劳苦大众都获得了解放，中国妇女才能得到真正的解放！"

她从理论上明白了中国妇女运动的正确的方向，所以之后的时间里，她把更多的精力投入到妇女运动的实践当中。上海闸北这一地区，虽然地域不广，但她在这里兴办了 30 多所女工夜校，且成绩斐然。为推动上海的工人运动和妇女运动培养了一大批妇女骨干。

同时，她还经常深入到女工当中，跟她们做朋友，积极帮助她们解决生活上的各种困难，所以女工们都愿意亲切地称她为“向大姐”，希望在向大姐的带领下，当一名新时代的女性，做更多有意义的事情。

在上海期间，向警予撰写了大量论述妇女解放的文章，分别发表在《向导》《前锋》《觉悟》和《妇女周报》《妇女杂志》上。中共中央历次关于妇女运动的文件和决议，大多是由她提议和起草的。她还深入到上海的大学和平民女学的女学生中去，向她们介绍各国妇女运动的情况，发动她们积极参与到革命运动中去，使各界妇女在宣传、募捐、声援罢工工人等方面发挥了重大作用。

妇女革命的先驱

1924 年夏天，上海出现一次女工大罢工事件，上海 14 家丝纱厂大约几万名女工共同掀起罢工浪潮，而这次大罢工的领导者就是向警予。

这场罢工不仅要减少工时，还希望能够增加工资，所以是一场经济大斗争。斗争发展迅猛，后来成为中国女工向资产阶级勇猛示威的政治斗争。罢工用时 20 多天，工人们在向警予的带领下同心奋斗，最终取得了胜利。大资本家们在此次事件中遭受到史无前例的沉重打击。而对于广大的丝纱女工来说，则是经受住了斗争的考验和锻炼，成为上海工人运动的一支重要力量，向警予也成为深受女工爱戴的妇女领袖。

1927 年大革命失败，向警予英勇无畏，她不顾生命危险选择继续留在白色恐怖下的汉口坚持斗争。其中有一次，党中央特意派人过来告诉向警予赶快转移，但她听到消息后说："我知道反动派对我很注意，可是武汉的工人需要我，多留一个人就多一分力量，我请求党中央让我留下来！"后来经过反复考虑，党中央最终同意了向警予的请求，并且推举她担任党的地下刊物《长江》的主编。

那时候白色恐怖越来越严重，关心她的同志们几次三番地劝她离开武汉，但她仍然坚持说："形势越恶劣，我就越不能离开，《长江》一停刊，就等于宣布我们失败了，这是对敌人示弱，我决不能离开！"

后来，因为叛徒的出卖，向警予最终被捕了。但是她在牢房中依旧没有忘记谋求妇女解放的责任，坚持向难友们宣传革命，尽量全面地介绍马列主义，或是给他们唱革命歌曲，以此逐渐提高同胞们的革命觉悟。在她每次受刑归来后，难友们都不忍心看她血肉模糊的身体，没有人不为她伤心难过，可她仍然打起精神，鼓励大家要斗争到底。

在向警予最后一次接受审讯时，敌人对她说："我们已经查清，你就是向警予，是共产党的重要领袖，摆在你面前的只有两条路，一条是生，一条是死，由你选择！"向警予则淡定地回答："不要多讲废话，要杀就杀！至于我是不是向警予，没有多大关系，横竖你们都是刽子手！革命者不会在你们的屠刀下求生！等着吧，你们的末日就在明天！"

向警予激怒了那些对她无计可施的人，他们决定对向警予下毒手了。

1928 年 5 月 1 日清晨，向警予像以往那样穿好衣服，然后轻声地提醒难友们："记得吗，今天是五一，是全世界无产阶级对资产阶级示

威的日子！”

向警予就是这样，即使是在生命的最后时刻，她还在尽力宣传革命，希望为推进中国的妇女解放事业而做出贡献。在押赴刑场的路上，向警予依旧毫无惧色，她高唱《国际歌》，高呼革命口号，向沿途的劳苦大众做最后的告别。

向警予牺牲 11 年后，毛泽东在延安纪念三八国际妇女节大会上，对向警予进行了高度的评价，他说向警予的一生是革命的一生，还说："大革命时代牺牲了的模范妇女领袖、女共产党员向警予，她为妇女解放、为劳动大众解放、为共产主义事业奋斗了一生。"

第二节　何香凝
——"谁说女子不如男"

何香凝（1878 年～1972 年），原名瑞谏，又名谏，号双清楼主，广东南海（今广州市荔湾区）人。何香凝是国民党领袖廖仲恺的妻子，是无产阶级革命家廖承志的母亲。何香凝是著名的国民党左派，中国民主革命的先驱，民革主要创始人之一，妇女运动的领袖，同时还是画坛杰出的美术家。她发动妇女参加革命，为国内革命战争、抗日战争做出了卓越的贡献。

做一个时代引领者

何香凝的父亲是个商人，在香港经营茶叶出口和房地产，名叫何炳桓。何香凝从小就和普通女孩不一样，她性格刚毅有主见，像个男孩一样，尤其爱听太平天国女兵的故事。那时候的“上流社会”中，女孩子都必须要缠足。她的母亲当然也不会例外，总是给她缠足，但她很机敏，总是等母亲转身离开后，再偷偷剪开。

对于母亲的反对，她不惧打骂，对缠足这件事情坚决反抗。到最后父母也拿她没有办法，不得不放弃了给她缠足，放任她长成一双“天足”。何香凝虽然是个名副其实的千金，但她又不同一般富家千金，她并不热衷于打牌消遣与穿戴美衣美饰，而是酷爱读书。但是在当时“女子无才便是德”的社会氛围里，是不让她进私塾读书的。

这种情况下，她就对父亲天天软磨硬泡，求父亲给她创造读书机会。终于，她进了“女馆”读了几个月书。后来，她又找来哥哥们的读本进行自学。慢慢地，她认识了越来越多的字，并接触到一些资产阶级维新派宣传的妇女解放等新知识。

何香凝做事精细，聪慧伶俐，所以深得父亲的器重，父亲也知道自己的女儿和其他家的姑娘不一样。

廖仲恺的父亲廖竹宾是客家后代，侨居旧金山多年。他自己亲身经历过旅美华侨所遭受的种种歧视，所以也深知缠足的女人事实上是中国的一种耻辱的表现，他还留下过这样的“另类”遗嘱：“儿子必须娶个大脚妇女做媳妇。”但是当时中国的实际情况是，中国的妇女几乎全部都裹着小脚，大脚妇女实在难找，特别是上层社会里，更是难以寻觅。

在何家，父母总是为了女儿脚大的问题担心找不到婆家。但是后来，当得知廖仲恺要遵照父亲的遗嘱选择“大脚”配偶后，想想女儿何香凝的“天足”，正好符合要求。就通过媒妁之言订婚，二人在 1 897 年结婚了。

何香凝在新婚之初一直有些惴惴不安，因为毕竟对廖仲恺不怎么了解。但经过一段时间的观察和接触，她逐渐发现廖仲恺是一个非常善良、诚挚忠厚的人，同时，还有着耿直的性格和强烈的进取心，是个好青年。

廖仲恺很尊重何香凝，他经常设法搜罗各种新书刊给她阅读，还经常为她指点疑难。他知道何香凝爱好美术，就常常耐心教她绘画。所以不久后，何香凝就对自己的婚姻感到庆幸起来。他们夫妇二人都羡慕太平天国的革命人物，又都喜爱画画和学习诗词，志趣相同，情投意合。

最早，廖仲恺还是很清贫的，在经济上有些窘迫，所以成亲后只能修整兄嫂家屋顶晒台上的破屋作为“新房”。这间房子不仅矮小还很简陋，像斗室一样，但它高处独居，比较清静，不受楼下侄儿侄女们嬉笑打闹的干扰。在这里，廖仲恺和何香凝夫妇白天在这里研读诗文、谈论时事，夜晚一起观赏清净明澈的月色。他俩自得其乐，还把这间小屋命名为“双清楼”。

何香凝敢为天下先，在当时社会，尤其是像她家那样的上流社会中，根本就没有女孩子不缠足的情况，何香凝算是一个极特殊的富家千金。她家庭条件很好，但不喜好穿衣打扮，而是喜欢识字看书，对新鲜事物表现出极其的爱好，并在封建社会当中希望接受更多的先进知识，可见她从小就是一个有思想的、不屈从于当下的时代引领者。

小女子也应该胸怀豁达

1925 年 3 月，孙中山先生去世。国民党最高权力的角逐，在以下 4 个人之间展开，有汪精卫、廖仲恺、胡汉民、许崇智。汪精卫因为出任广州国民政府主席兼军事委员会主席，所以成为第一号人物；胡汉民屈居第二；何香凝的丈夫廖仲恺当时任中国国民党中央执行委员、国民

政府委员兼财政部长、军事委员会委员兼黄埔军校党代表，他身兼数职，位列第三；位列第四的是粤军总司令许崇智。

但是，同年的 8 月 20 日上午 9 时左右，发生了一件举世震惊的事件，这对何香凝来说是一次巨大的打击。当她与丈夫廖仲恺以及监察院委员陈秋霖同车来到中央党部门口时，廖仲恺下车后刚刚迈上台阶就遭到狙击，后来不幸离开人世。

丈夫去世时，何香凝正在任职国民党代理妇女部长，之后她开始正式走到政治斗争的第一线。

直到 1929 年秋，她潜心画艺，并为此漂泊欧洲。在这段时间里，她的儿子廖承志和女儿廖梦醒先后加入中共地下党组织。关于父母，廖梦醒曾回忆说："母亲和父亲感情甚好，唯一的一次龃龉发生在我们住在东京的时候。"

当时的情景是廖仲恺一家人与胡汉民、汪精卫等人一道去江之岛游玩，廖仲恺因为玩得太开心而不愿意随何香凝回家。等到他第二天回到家，夫妻二人大闹一场。廖梦醒说："原来母亲怀疑父亲不跟她回家是与江之岛旅馆的侍女有关。父亲一向有惧内之名，从未听说过他有寻花问柳之事。这次母亲不知听到什么风声，疑及父亲了……"

何香凝是中国民主革命的先驱，著名的妇女运动领袖，画坛杰出的美术家。

她早年追随孙中山，在中国同盟会成立后何香凝成为同盟会第一位女会员，并担任国民党中央妇女部长。她真诚地同中国共产党合作，组织发动妇女参加革命，为国内革命战争、抗日战争做出了卓越贡献。

1903 年，何香凝在她所写的《敬告我同胞姐妹》文章里，清晰表达了自己对国家民族的忧思，并号召妇女起来与旧社会抗争。对于国家兴亡之事，她希望不但匹夫有责，女子也应当共赴国难，也就是说，希望女子同男子一样，都要有担负国家兴亡的责任。并且在她的文中也曾写道：“‘天下兴亡，匹夫有责。’此固男子义务，然与男子同视听、同官骸之女子独非人类乎？然则天下兴亡，吾二万万（女）同胞安能漠视哉！”

第三节 刘清扬
——任何一个姐妹都不应被压迫

刘清扬（1894 年～ 1977 年），回族，原籍天津。刘清扬是中国共产党早期党员，她是周恩来总理当初的入党介绍人。她曾担任过全国政协常委、全国妇联副主席、中国红十字会副会长等职。在 1906 ～ 1910 年这段时间里，她参加了天津各界人士组织的国民捐款与救国运动。1961 年刘清扬重新加入中国共产党，历任政协全国委员会常务委员、全国妇联副主席等职。1977 年 7 月 19 日，这位为中国革命和妇女解放运动奋斗了一生的杰出女性病逝，终年 84 岁。

为革命斗争倾注毕生精力

刘清扬 1894 年出生于天津一个回族家庭，在她 7 岁时八国联军侵入天津，在八国联军的蹂躏下，很多人惨遭屠杀，这给年仅 7 岁的刘清扬脑海里留下了深刻印象。1905 年，刘清扬进入严范孙创办的平民女子学校开始学业，在那里，她受到爱国主义教育，也激起了她参加反帝爱国运动的热情。

刘清扬曾经多次参加天津各界人士发起的救国储金和捐款活动，是同盟会的一名女会员。1917 年爆发的俄国“十月革命”给刘清扬以极大的启发和影响，使她的爱国思想更加坚定。

后来，刘清扬从女子师范学校毕业，又赶上“五四”风暴席卷天津城，她抓住机会，立即投身到这一反帝爱国运动的洪流中去。后来她成为天津第一个妇女爱国团体天津女界爱国同志会的会长，之后又取得了很多显要的成绩——她是全国最早的革命团体“觉悟社”的第一批成员、十位女社员之一；她作为天津各界代表参加了在上海成立的全国各界联合会，被推举为理事。

刘清扬始终站在反帝爱国斗争的最前列。1919 年 6 月 26 日，天津市各界联合会因为反对在《巴黎和约》上签字而纷纷上京请愿，其中就有刘清扬，他们要求解除山东戒严，惩办枪杀爱国群众领袖的山东省省长马良，但结果是，这 25 位请愿代表全都被北洋军阀政府逮捕。

但是，即使被捕入狱，刘清扬等人也不畏强暴。因为刘清扬和郭隆真是回族人，当时北京的警察厅长也是回族人，就想尽办法软化她们，还表示愿意将刘清扬取保释放。但刘清扬听后对他们进行了严词拒绝，她明确表示愿与全体被捕代表共患难、同生死，坚持斗争到底。

刘清扬敢于投身反帝的爱国运动，她早就抱定了献身祖国的思想准备，在斗争过程中她不怕困难、不怕牺牲，不仅组织女界游行，还经常进行反帝爱国的讲演，甚至还组织群众一起抵制日货……因为刘清扬是回民，她积极宣传组织发动回族民众参加反帝爱国斗争。她的才干和勇气深得群众信任。

1920年11月24日，刘清扬和张申府、蔡元培一同乘法轮赴法学习。在法国那段时间里，刘清扬正式加入了中国共产党，后来又与张申府一起，介绍周恩来入党。1921年春，刘清扬、周恩来、张申府、赵世炎、陈公培等人在巴黎成立了共产党小组，开始在留法的学生当中开展活动。1922年3月初，刘清扬和同周恩来一起前往德国，和在柏林的中共党员组成旅德党组织，开展活动，为中国解放事业努力奉献。

兴办意义重大的《妇女日报》

1923年11月，刘清扬回到家乡天津，开始创办《妇女日报》，与她一同做这项事业的还有邓颖超、李峙山、谌小岑等人。报纸于1924年1月正式创办，刘清扬担任《妇女日报》总经理，邓颖超和李峙山等人都是该报的编辑。

这份报纸成为我国早期传播马克思主义的重要阵地之一，在中国妇女解放运动中起了不可忽视的重要作用。

在办报纸的这段时间，刘清扬撰写过多篇关于妇女解放的文章，文章深入浅出地宣传妇女解放的重要性，指出了妇女受压迫的阶级根源和社会根源。其中，她在一篇名为《有志开发女子职业的诸姊妹速起！》一文中，特别强调指出："女子解放问题，要求得完全美满的彻底解放，乃是根基于全社会的组织。所以现社会制度一日不推翻，女子问题便一日不能得到完全美满的解决。"

1924年3月17日，《妇女日报》第一次针对保定女师学生要求改革旧教育体制，遭到校长燕士奇镇压，造成流血惨剧这一消息进行深刻披露。刘清扬亲自针对此事撰写文章，然后犀利地对旧的女子教育进行了淋漓尽致的抨击。在文中，刘清扬尖锐地指出："我国女子教育创兴已二十年，直至今日，仍然还在萌芽时期……我们女子之所以不如男子，二十年前，则不能不归罪于'女子无才便是德'一语的束缚压迫，二十年后，则负女子教育之责者，又不能不任其咎！二十年来，负女子教育之责者，终未给我们解去孔二先生的牢笼。'三从四德'、'良母贤妻'，乃是他们为男子造就文明奴隶的唯一标的！"

此外，刘清扬还大声疾呼："我甚望我国女子教育之振兴！我尤望我全国被压迫于黑暗教育之下的诸姊妹们，速速觉醒！起！起！起！发奋努力！"

刘清扬是多么地想要打碎封建礼教加在妇女头上的沉重枷锁，为此她专门写了一篇长文，对旧礼教中的"节操"信条对妇女的摧残进行揭露，提出"'片面贞操'乃是非人道的压制人性的、剥夺人自由权的一种恶风尚"，"是一种毫无公理，而在旧礼教中最当破除的信条"。她批判了那些"提倡守节，束缚女子自由权的道德先生们"所造的"无知的谣言"。她愤慨地强调：这种"不公平、不自然、无人道的旧礼教中之节操信条，再无存留余地"。

这篇强烈抨击旧封建礼教的文章在《妇女日报》第一版上连载 3 天，在当时社会引起极大震动。

刘清扬对解放妇女事业还做出了很多其他贡献，她一直十分关心并帮助妇女解决切身的痛苦。曾经有一位女性投书《妇女日报》，在文中向清扬等请教怎么帮助她在保定二女师的一个同学摆脱家庭强加的包办婚约，刘清扬看到信件后给予了热情而认真的回信。

第四节 宋庆龄
——“妇女解放不会装在银盘子里送上来”

宋庆龄（1893年～1981年），生在上海一个牧师兼实业家的家庭，她的父亲名为宋耀如，是孙中山的朋友。宋庆龄是伟大的爱国主义、民主主义、国际主义和共产主义战士，举世闻名的二十世纪的伟大女性。她最早追随孙中山，为革命献身。她革命生涯中诸多表现都令人称赞。她坚强不屈，矢志不移，始终坚定地和中国人民、中国共产党站在一起，为中国人民的解放事业，为妇女儿童的卫生保健和文化教育福利事业，为祖国统一以及保卫世界和平、促进人类的进步事业而殚精竭虑，鞠躬尽瘁。

用一生时间诠释妇女解放

中华人民共和国开国不久，宋庆龄在中国妇女第一次全国代表大会上被推选为中华全国妇女联合会的名誉主席。这个时候，宋庆龄虽然一直都国务活动繁忙，但仍旧拿出更多的精力来从事关系到国家、民族以及全世界的共同利益的活动——理解和争取妇女的解放。

她说：“中国妇女的完全解放意味着我们国家的稳固坚强。而一个强大的、生气勃勃的前进中的中国，就是全世界和平的坚强堡垒。”她还说：“妇女解放不会装在银盘子里送上来。”可以说，宋庆龄是中国妇女解放运动的先驱，她将一生时间用于妇女解放事业，为此呕心沥血。她从少女时代开始，就发表过宣传男女平等思想的文章——《现代中国妇女》，此后针对妇女问题不断进行研究以及进行妇女运动，并将此项事业作为她一生革命活动的重要组成部分。

1937 年“七七事变”爆发，那时候宋庆龄正在上海，她积极投身于妇女抗日救亡斗争，何香凝是她的挚友，她们一道倡议并建立了上海妇女界抗日团体，妇女团体最大限度地团结一致，形成抗日力量，与民族共危亡。

妇女团体的领导者们在广泛号召和筹备下，以原妇女救国运动会为核心，团结了各行各业的妇女界人士，在抗战全面爆发仅半个月的时间内就创建了中国妇女抗敌后援会，简称“后援会”。宋庆龄担任后援会的理事。

与此同时，宋庆龄还致电各省妇女界成立各省妇女抗敌后援会，希望将全国各妇女团体的抗日救亡力量统一起来。后援会呼吁：以号召妇女团体抗敌以及战时妇救会慰劳救济工作为宗旨。还表示要发动妇女“和男同胞们共赴国难”、“一致起来抗战”……

后援会的成立，标志着上海妇女界抗日救亡运动统一战线的初步形成。

国难当头，在抗日救亡这一民族最高利益的大目标下，宋庆龄与大姐宋霭龄以及妹妹宋美龄和好，她们因为政见不合分道扬镳 12 年。可见其政治家的气魄。她们姐妹三人一同走到共同抗日的道路上来。

1940 年春和 1941 年秋，她们在香港公开露面参加抗战筹款活动，这次活动之后又马不停蹄地飞赴重庆，视察妇女儿童及参与战灾救护工作，为了抗日救亡活动并肩携手，对当时脆弱的中国产生了重大的积极影响。

宋庆龄和何香凝领导的妇慰上海分会，团结了各界各派的妇女人士，大家都积极参与到救亡运动中，仅仅一个月时间，宋庆龄后援会下属的各种团体就有20多个，实际上，后援会成为当时上海妇女抗日救亡工作名副其实的总指挥部。

此外，各个妇女团体还参与了很多有意义的事情，团体在浦东大厦设立了联合办事处，积极创建霞飞路（即如今的淮海中路）、徐家汇等战地后方医院。医院担当起了抢救抗战伤员的重任。为了更好地服务伤员，妇女团体还迅速开启护士训练班，在短时间内就培训了2000名临时护士，这些有一定救护技能的护士先后被分派到部队和后方医院工作。不仅如此，宋庆龄还大力开展募捐、慰问等工作，她的付出为巩固上海抗战起到了莫大的帮助。

宋庆龄在组织妇女运动的同时，还不停地对各个地区的妇女人士提出号召，她挤出宝贵的时间到处作抗日演讲、撰写救亡文章，尽最大努力希望妇女们能够行动起来，都来为抗战出钱出力，保卫我们共同的家园。

妇女解放事业更是国家的事业

有一次，宋庆龄给上海南洋女子中学演讲，演讲过程中她慷慨激昂、热情洋溢，她那坚毅神情和真挚的爱国情怀深深地打动了广大师生。师生们在宋庆龄的鼓舞下，为前线战士和难民开展了募捐活动。仅仅几天，南洋女中附近一带的居民在师生们的号召下，赶制出1000多件丝棉背心，后来被送往前线和有关的救济单位。

为使妇女界的救亡运动和其他各界开展的救亡运动结合起来，宋庆龄和何香凝一起真是费尽心思。他们先是响应和参加上海文化界救亡协会发起的募集“20 万双手套”的活动，以此支援抗日。当时上海妇女界有 600 多人分别组成了 100 多个宣传队，大家踊跃参与进来，将这一任务当成是重大的任务，不管是工厂女工、女学生还是女童子军，大家都并肩在火线上一起战斗，其感人情景令人动容。

中国经历了 8 年抗战，期间，宋庆龄频繁往返奔走于香港、广州之间，利用她的特殊地位，和国内以及国际上的各妇女团体建立了亲密的联系。经过不懈的努力，成功建立了“保卫中国同盟”，宋庆龄任主席。

保卫中国同盟是一个抗日爱国组织，宋庆龄在这个组织里专门设立了一个“妇女促进会”的机构，目的是通过与华侨妇女和各国妇女援华团体的联系，取得对中国妇女抗日运动的广泛同情和支持。事实证明，此同盟确实起到了这个作用。

同盟先是取得美国总统罗斯福母亲和夫人在道义上以及经济上的帮助，之后又取得了菲律宾总督夫人等国际知名妇女在道义上和物质上给予的援助，为中国抗日图存做出了巨大贡献。

就是因为有宋庆龄的积极倡导和推动，中国港澳地区的妇女们也掀起抗日救国热潮。香港妇女慰劳分会在 1938 年募集捐款多达 29 万元，此外，还有大批的药品等物资陆续从这里运到抗日前线。

宋庆龄的一生，尤其是在谋求妇女、儿童的解放、自由和幸福方面奉献了其毕生精力。宋庆龄拥有政治家的远见卓识，她不仅将中国妇女事业推动得轰轰烈烈，还主张重视和教育好孩子。她那颗伟大的慈母心，紧紧贴在孩子们的身上。宋庆龄对国家和人民做出了不可磨灭的贡献，受到中国人民、海外华人华侨的景仰和爱戴，也赢得国际友人的赞誉和热爱，享有崇高的威望。

第五节　秋瑾
——拥有满腔热血的“侠女”气概

秋瑾（1875 年～ 1907 年），原名秋闺瑾，字璇卿，号旦吾，乳名玉姑，东渡后改名瑾，生于福建闽县（今福州）。她是近代民主革命志士。她在青年时期就敢于蔑视封建礼法，提倡男女平等，常以花木兰、秦良玉自喻，性豪侠，曾经自费留学日本，回来创办《中国女报》。

着男装，誓与清朝决裂

秋瑾认为：女子不但有和男子一样的平等权利，而且堪为“醒狮之前驱”、“文明之先导”，她针对“男女平权”的思想其实就来源于“天赋人权、自由平等”的观念。她提出将妇女解放与民族解放结合起来的深刻命题，对当时的人民来说有警示作用。

1907 年 7 月 15 日凌晨，离天亮还有一段时间，时间恰好是黎明前的黑暗时刻。一个管牢的禁婆将浙江山阴县监狱的一间单人牢房打开，紧接着，一大群拿着手枪的清兵争前恐后地涌了进来。这时，牢房里坐着面容憔悴的秋瑾，她稍微整理了一下凌乱的头发，而后刑架兵就给她戴上了粗重的铁镣，又将她的双手狠狠地反绑在背后。

一大批士兵举着火把，簇拥着秋瑾走了大约一公里路，在一个叫古轩亭口的地方停了下来。许多火把将阴森的刑场照得通明。时年 31 岁的秋瑾被五花大绑，然后被处以斩刑了。一代爱国侠女就这样香消玉殒……

秋瑾是 1907 年 7 月 13 日下午被捕的，过了 3 天就被处死了。在秋瑾被害后，民间舆论群起抨击浙江官府处理秋瑾案的种种野蛮行径——“法制社会要求实现立宪”、“以宪政精神抨击就地正法”等，这些言论让当时的清政府狼狈不堪，甚至没有“还手”之力。

在秋瑾去世 4 年后，辛亥革命的枪声就在武昌城头响起……

其实，清政府签订了《辛丑条约》以后，中国大地危机重重，秋瑾在读了陈天华的《警世钟》和《猛回头》以后感触颇深，她认为陈天华就是自己“启蒙开智”的第一人。她赋诗言志：“身不得，男儿列，心却比，男儿烈。”从此以后，秋瑾就开始脱下女装着男装，表示永不再穿清朝女服。

此后，秋瑾一直着男装，而男装也成了她标志性的服装，直到就义时仍身着玄色纱长衫。

后来，秋瑾的思想发生了飞跃，逐渐与从早到晚沉湎于官场应酬和花天酒地中的丈夫产生越来越多的分歧。她感叹：“知己不逢归俗子，终身长恨咽深闺。”1904 年 2 月，秋瑾在吴芝瑛家中结识了一个日本女子服部繁子。从这个日本女子那里，秋瑾了解到日本女子学校的各种优点，所以她决定去日本留学，学习新知识。

1904 年的 5 月，秋瑾自己筹旅费到日本开始了留学生涯。她说她要学习救国家、救同胞，尤其是两亿女同胞的本领。6 月 28 日，秋瑾从塘沽出发，登上日本人租借的德国客轮“独立号”，踏上赴日旅途。

但是，因为丈夫对这件事极力反对，秋瑾旅费短缺，不得不乘坐三等舱。那时候她就开始女扮男装，怀里揣着一柄短剑，不得不和三教九流摩肩接踵，共处一舱，最终登上了日本的土地。那时候的日本正是明治维新以后，国家各方面发展都发生了很大变化，资本主义飞速发展，西方的民主、自由、人权思想广为传播。

秋瑾先是进入日语讲习所补习日语，到了第二年才转入东京青山实践女校的清国女子速成师范专修科。在学校里，秋瑾深知能够得到学习机会的不易，所以顽强苦读，她的毅力惊人，往往别人都已熄灯就寝了她仍写作、阅读，直到深夜。每当她写到沉痛处时，就会捶胸痛哭，愤不欲生。

秋瑾到日本后，就穿着和服拿着短刀，特意去照相馆照了一张照片，为的是以此来表示与清朝彻底决裂。在学校学习之余，秋瑾积极参加当地留学生组织的各种社团活动，广泛结交革命志士，还和陈撷芬发起“共爱会”，从那时候开始提出了妇女解放的口号，所以说，这个团体是近代中国妇女最早成立的爱国团体。

1905年8月，孙中山在日本成立同盟会。秋瑾所在的学校恰好与同盟会举行筹备会议的地方在同一条街上。彼此接触之方便可想而知，秋瑾就在这时结识了孙中山。

不久后，秋瑾在黄兴寓所履行了加入同盟会的手续。她郑重地举起右手，肃立在桌边宣读入会誓言。秋瑾当天发誓:“驱除鞑虏，恢复中华，创立民国，平均地权，矢信矢忠，有矢有卒，如或渝此，任众处罚！”

积极创办《中国女报》

秋瑾于1906年离开日本回到国内，并在上海北四川路厚德里91

号租了房子居住下来，开始筹划《中国女报》的办报事宜。秋瑾一直有办报的情结，1904 年 9 月，她在日本创办了《白话报》，以“鉴湖女侠秋瑾”为名，发表了《致告中国二万万女同胞》《警告我同胞》等文章。在文章中，她努力宣传反清革命，提倡男女平等。

但是，办报需要大量的资金，为了资金，秋瑾四处奔走，进行多方募集，又在报上大登广告，希望大家都参订入股。但遗憾的是，响应者实在太少了，到最后，不过只筹集到几百元而已。此次事件让秋瑾痛感中国妇女界死气沉沉的状态，她当时的评价就是“简直有点麻木不仁”。

在走投无路时，秋瑾想到了一个“没有办法的办法”——到公婆家去筹款。秋瑾的公婆家家境富裕，很有钱，但是她的娘家因为父亲去世的缘故，在钱财上已经无力支持她。所以，在初冬时节，秋瑾回到湖南湘潭王家。

秋瑾的公公早知道儿子与儿媳之间闹了矛盾，并且已经分居很久了，但当他见到儿媳突然回来后以为儿媳回心转意了，就对秋瑾热情接待。秋瑾踌躇了一下，然后对公公说自己想办学，只是缺少经费，希望公婆家能给予资助。秋瑾的公公为了让儿子能和儿媳破镜重圆，就爽快地拿出一笔钱送给秋瑾。

几天之后，秋瑾不辞而别了。离家之后，秋瑾随即声明脱离家庭关系，以免自己要做的那些较为“激进”的事株连家庭。

依靠这笔钱，再加上其他人勉力捐助的 1500 元钱，秋瑾于 1907 年 1 月 14 日正式在上海创办了《中国女报》。

《中国女报》是一种 16 开本的册子，女报的封面上画着一个双手高擎一面旗帜的妇女，这个形象象征着妇女的觉醒和前进。这份报纸以“开通风气，提倡女学，联感情，结团体，并为他日创设中国妇人协会之基础”为宗旨，在中国历史上第一次提出了成立妇女联合会的主张。

考虑到让当时大多数文化水平低、不识字的妇女能看懂这份报纸，《中国女报》统一用白话文，并采用弹词、歌曲等民间喜闻乐见的形式来表现，内容生动活泼，更重要的是通俗易懂。

《中国女报》的绝大部分稿件都是秋瑾亲自撰写的。除“发刊词”外，她还写了《敬告姐妹们》《勉女权歇》《感愤》《感时》《精卫石》等政论和文学作品，同时编译了《看护学教程》，一度被誉为“报界女才”。

秋瑾“男女平权”的思想来源于西方“天赋人权、自由平等”的观念，而这一理念也是孙中山三民主义中“民权思想”的重要组成部分。秋瑾旗帜鲜明地宣扬妇女人权，勇敢提出了将妇女解放与民族解放结合起来，在封建观念浓郁的时代里，她的思想表现出了最高的水平。至此，她完成了从女性解放到民族解放、从家庭革命到社会革命的破茧蜕变。

据当时的报刊记载，《中国女报》一出版就在社会上引起了不小的反响。有文化的妇女争相传阅，没文化的妇女也设法请别人念给她们听。这也让封建遗老们大感震怒。

第5章

静待时机：没有韬光养晦就没有一触即发

发明家在更清晰地认识世界的条件下，为了让人们生活得更加便利而进行了各种发明，给后人留下了宝贵的物质财富。他们推动了人类文明不断前行，也为改造世界奠定坚实的基础。但是，伟大的发明者先驱们在探索的路上要面对诸多质疑，甚至嘲讽，他们从不解释，而是韬光养晦，静待一触即发。

第一节　瓦特
——把问题搁置一下并不代表放弃

詹姆斯·瓦特（1736 年～ 1819 年）是英国著名的发明家，是工业革命时的重要人物。1776 年制造出第一台有实用价值的蒸汽机。以后又经过一系列重大改进，使之成为“万能的原动机”，在工业上得到广泛应用。他开辟了人类利用能源新时代，标志着工业革命的开始。后人为了纪念这位伟大的发明家，把功率的单位定为“瓦特”。

不停探究解决问题的方法

瓦特的家在克莱德河湾上的港口小镇格林诺克。瓦特的父亲是个造船工人，他技艺纯熟，还拥有自己的船只与造船作坊。瓦特的母亲出身于贵族家庭，接受过良好的教育。

瓦特小时候由于身体不好所以去学校的时间很少，他的主要的教育大多是来自家里，由母亲亲自教导。瓦特从小就表现出了超乎常人的精巧的动手能力，在数学方面的天分也十分惊人，少年时期还接受了很多有关苏格兰的民间传说故事。

在瓦特 17 岁的时候，他遭受到一次打击，他的母亲去世了，并且父亲的生意也越来越不好。没多久瓦特就去伦敦的一家仪表修理厂当起了一名徒工，在那里待了大约 1 年时间，然后回到苏格兰格拉斯哥想自己开一家修理店。

虽然当时的苏格兰还没有这样的修理店，可因为他没有做够要求的7年徒工，所以他的开店申请被拒绝了。瓦特没有如愿，但机会还是会来到的。

1757年，格拉斯哥大学的教授给瓦特提供一个极好的机会，允许他在大学里开设了一间小修理店，瓦特这才走出了窘迫境地。更幸运的是，大学里有一个物理学家、化学家，名为约瑟夫·布莱克后来更是成了瓦特的朋友与导师。

瓦特是个心思细腻的人，他做事的时候动作很迟缓，同时又很容易焦虑，导致他时常会灰心丧气。在工作时，他经常会将工作放到一边，给别人的感觉好像他要彻底放弃了似的，事实并非如此。他的想象力极为丰富，总是更新地改进方法，以至于很多工作并不是及时完成的。瓦特的动手能力很强，并能够完成系统的科学的测定。

瓦特从小就是个动手能力很强的人，他心思细腻，对于在工作中遇到的很多难以一时解决的问题，他并不是一味想破头脑，而是采取暂时搁置的方式，等待适合继续研究下去的时候再将其解决，这种不按照常理出牌的方式也是他思考问题、解决问题的独特方式。并且，他在学习新知识、探究新成果的过程中，不断找寻能够帮助自己理解的方法。

此外，瓦特还是一个素质很高的绅士，所以被其他工业革命时期的知名人士所尊重。后来他成为伯明翰工业家与科学家组织的“月亮社”的重要成员。期间，他经常对新的领域表现出极大的兴趣，所以被认为是很好的社交伙伴。事实上，他对商业经营方面根本不懂，所以直到他退休时，都对自己的财物状况感到深深的不安。

等到机会，然后抓住机会

瓦特开过小店，在小店开业 4 年时间后，他的朋友罗宾逊教授开始对他进行引导，从此，瓦特开始了对蒸汽机的探索实验。直到那个时候，瓦特也还没有看到过一台能够运转的蒸汽机，但即使这样，他开始不断思考、联想，从而建造自己理念中的蒸汽机模型。

最早的关于蒸汽机的实验都失败了，但是他坚持不懈，继续实验，同时阅读了很多他能找到的有关蒸汽机的材料，还独立地发现了潜热的重要性。即使潜热的重要性在好几年前就被布莱克教授发现了，但当时瓦特根本不知道。

1763 年，格拉斯哥大学有一台纽科门蒸汽机，后来被送到伦敦进行修理，瓦特得知后请求学校将这台蒸汽机取回，然后亲自修理。这台蒸汽机在经过瓦特的修理后，虽然能够勉强工作，但是效率很低。

为了改进对蒸汽机的修理，瓦特经过大量实验，发现效率低的原因是活塞每推动一次，气缸里的蒸汽都要先冷凝，然后再加热进行下一次推动，蒸汽 80% 的热量都耗费在维持气缸的温度上面。

针对这个现象，1765 年瓦特取得了关键性的进展。他考虑到要将冷凝器和气缸分离开来，使得气缸温度能够持续维持在注入的蒸汽的温度，并在这个基础上快速建造了一个能够运转的模型。

但是瓦特深知，想要建造一台实际的蒸汽机，不管在理论上还是技术上，都还有很长的路要走。并且资金问题也是个大问题。对于这些，布莱克教授虽然能够提供一些帮助，但只是杯水车薪。这项研究发明的资金，更多的是来自于一位企业家约翰·罗巴克。罗巴克是著名的卡伦钢铁厂的拥有者，要没有罗巴克的赞助，瓦特就没有办法对新式蒸汽机进行试制。

此外，因为当时蒸汽机的专利申请需要国会的认可，所以一大部分的资金需要花费在相关程序上。因为资金并不充足，瓦特还找了一份运河测量员的工作，这个工作他一直做了 8 年。

在这之后罗巴克破产了，专利转交给伯明翰一间铸造厂老板马修·博尔顿。自此，瓦特和博尔顿开始了长达 25 年的成功合作。

可以说，和博尔顿合作让瓦特感到很幸运，瓦特得到了更好的设备资金以及技术上的支持，尤其是在加工制造工艺方面。经过瓦特不懈努力，最终在 1776 年，第一批新型蒸汽机制造成功并应用于实际生产。这批蒸汽机由于还只能提供往复直线运动而主要应用于抽水泵上。在之后的 5 年中，瓦特赢得了大量的订单并奔波于各个矿场之间安装由这种新型蒸汽机带动的水泵。在未来的6年里，瓦特在原有的蒸汽机上又作了一系列改进，取得了一些其他方面的专利。

瓦特与博尔顿在 1794 年合伙组建了专门制造蒸汽机的公司。博尔顿有丰富的经营经验，他们 1824 年就顺利生产出了 1165 台蒸汽机。

瓦特是世界公认的蒸汽机发明家。他的创造精神、超人的才能和不懈的钻研为后人留下了宝贵的精神和物质财富。瓦特改进、发明蒸汽机是对近代科学和生产的巨大贡献，具有划时代的意义，它导致了第一次工业技术革命的兴起，极大地推进了社会生产力的发展。到 19 世纪 30 年代，蒸汽机广泛应用到纺织、冶金、采煤、交通等部门，很快引起了一场技术革命。

第二节　富尔顿
——通过自学而来的大发明家

富尔顿是美国著名工程师，他制造了第一艘以蒸汽机作动力的轮船，轮船于1803年在法国的塞纳河试航成功，只是轮船在试航当晚就被暴风雨摧毁。1793年～1807年间，他进行了艰苦的创制以蒸汽机为动力的“克莱蒙特”号新轮船，并在哈得逊河试航成功，第二年又相继建造了两艘轮船，使轮船达到了实际应用水平。富尔顿历尽艰辛挫折，终于试制成功了用蒸汽机推进的新型船舶，他在世界水运史上写下了重要的一页。

对任何疑问都勤于思考

富尔顿从小爱好美术和手工。在少年时代，非常喜欢动脑思考问题。据说他15岁时，曾经亲自在一条小船上成功安装一个手摇桨叶，用手去摇动桨叶就能推动船只前进，这也充分显示了他非同寻常的创造才能。

富尔顿小时候没怎么读过书，因为他家境贫寒，父母没有多余的钱让他去学堂学习，所以说，富尔顿后来取得的辉煌成就，都是凭个人努力奋斗而来的。

小富尔顿从小就有一个突出的爱好，那就是幻想。譬如，当他帮着家长们干完农活之后，总是一个人坐在家里的阁楼上，然后在带有木格条的小窗户里向外面田野的方向望去，他会静静看着蔚蓝色的天空，不一会儿就能进入冥想……他经常一坐就是几个钟头。

有一天，天气晴朗，不远处的河水清澈。

富尔顿和一个邻居大叔结伴，一同驾着小船去往不远处的河的上游，想要找点活干。大叔悠闲地撑着篙，他们的小船逆流而上。富尔顿一想到自己已经离开村庄漂向外地去了，心情特别高兴，情不自禁地唱起歌来。他哼着美国乡村民谣，听着“哗哗”河水声，这种水与歌交织在一起的声音真让人心醉。

早晨，太阳越升越高，一束束阳光洒在水面上，就像是一片片碎银洒在绿色的缎带上。

可是，让他们没想到的是竟然遇上了突发状况。水流一下子湍急起来，小船不由得在河中打起转来，富尔顿和邻居大叔为了保持船的平稳拼命地撑篙，不一会汗水就湿透了他们的衣服，但是，小船只能艰难地移动。当时，富尔顿思考着：撑篙真是太费力了！如果有一种物品可以让小船自动行走就好了！

他想象那些有翅膀的动物可以在水面上飞翔，又想象自己仿佛在河中看到了一只自动行驶的船。但他的思绪不得不又回到现实中来，然后对同伴大叔说：“大叔，撑篙又费劲，又缓慢，如果有一种东西能让船自动行走，该多么好啊！”此时大叔正拼命撑着篙，在听了富尔顿的话后会心地笑了。他腾出一只手，用手背擦擦自己脸上的汗水，然后笑呵呵地说：“倘若能有一种东西可以让船自动行走，不需要人力，那这样东西到底是什么样的呢？”

“是啊，这东西是什么呢？”富尔顿也自问了一下，但是无解，他的脸也跟着红了起来。他用力撑了一下篙，然后就低下了头继续沉思起来。从那以后，“怎样使船自动行走”这个问题就一直伴随着富尔顿，致使他长大以后，终于通过努力，制造出了人类第一只蒸汽机轮船——“克莱蒙特号”。

富尔顿和大叔的这次出行，给他带来了新的知识的启迪。就是在那个时候，富尔顿有了制造一艘能自己行走的大船的想法，这样，乘船者就能省下很多力气。事实上，富尔顿的想法很具备超前性，所谓“只有先敢想，才有后敢做”，少年时期的梦想占据了富尔顿灵魂的很大一片位置，以致后来逐渐引导他真的走上了发明自动力船只的道路……

不怕失败，最终获得成功

富尔顿22岁那年，前往英国伦敦学习绘画。那时候恰巧赶上瓦特过60岁生日，当时瓦特特意请富尔顿前去帮忙画一张肖像，正是这次机会，富尔顿结识了蒸汽机发明家瓦特，同时还结交了瓦特的几位机械发明家的朋友。后来，富尔顿知道了蒸汽机的原理和作用，使他对机械技术产生了兴趣。

对富尔顿来说，瓦特对他有很大的启发作用。甚至与瓦特接触一段时间后，富尔顿改变了自己要当画家的心愿，转而决心要当一名工程师。

愿望确立之后，富尔顿一边工作一边进行学科的自学，他十分勤奋，不仅学习了高等数学、化学、物理学和透视图，还学习了法文、德文和意大利文。

事实上，从1782年瓦特成功发明蒸汽机以后，有太多的人都想制造蒸汽轮船，但是最后都以失败告终了。

后来，美国的西敏敦成为第一个制造出蒸汽轮船的人，这条船叫“夏洛托·敦达斯号”，它可以载重70吨货物，是一艘木船。不幸的是，这艘船没过多久就遭到了河运经营者的反对。西敏敦被他们指责为“蒸汽船破坏了堤岸”，所以这艘船被强行拖上了岸，此后，就没有人愿意再提造轮船的事了。

西敏敦因此事一度消沉，也不再有什么动作，而这伟大的发明也被无知扼杀在摇篮里了。事隔不久，富尔顿又将此事提上日程，他勇敢地站了出来，决心要将蒸汽轮船复活。他在仔细研究了前人失败的原因后，决定制造一条新的蒸汽动力轮船。

1793 年，富尔顿来到法国巴黎，他荣幸地获得了拿破仑的支持，先后耗时 9 年的时间，从最早的模型试验开始做起，到后来的设计制造，经历了漫长的研究时间，最终在 1803 年建造了第一艘轮船。不幸的是，轮船在塞纳河试航时，被狂风暴雨吹翻在河中，他筹备已久的试验就这样失败了。

但是，富尔顿是一个有着顽强毅力和不服输精神的人，他没有因此而灰心丧气。1806 年，他带着自己的设计图纸回到了美国纽约，同时还招收了一些工人，在东河附近将自己的事业开展起来。当时他还得到了一些人的支持，正式搞起了发明活动，并重新制造新的轮船。

1807 年，他成功建造了一艘名为“克莱蒙特号”新的蒸汽轮船，船长 45 米，宽 4 米，吃水深度为 20 英尺，这艘船又细又长，是艘木板船，富尔顿在这艘船上安装上了一台当时最好的瓦特蒸汽机。

同年 8 月 17 日，“克莱蒙特号”蒸汽轮船第一次下水试航。“克莱蒙特号”从纽约出发，沿着哈得逊河逆流航行，航行的终点是阿尔巴尼城。试航这一天的清晨，在河岸上挤满了好奇的观众。人们看着能够自动行驶的“克莱蒙特号”快速地把一艘艘帆船抛在后头，不由得欢呼起来。

“克莱蒙特号”用 32 小时航行了 240 公里，而普通的帆船航行这段航程需要 4 天 4 夜，这次试航取得了巨大成功。

“克莱蒙特号”试航成功，宣布了船舶发展史进入了一个新的时代，即蒸汽轮船时代取代了帆船时代。人力最终被机器所代替。事实上，富尔顿的成功绝对不是偶然的，早在他发明“克莱蒙特号”轮船之前，也有很多人从事了这项研究工作，只是都以失败告终。

富尔顿是个善于总结失败教训的人，不管是自己的还是别人的，他都能快速从中吸取有益的经验。此外，他还非常注意机器和船的配合，他会尽量使用当时最先进的机器设备。基于种种因素，他最终成为第一个取得成功的人。

在“克莱蒙特号”试航成功后的几十年中，蒸汽轮船不断得到改进，先在内河和沿海航行，不久就横渡了大西洋。

第三节　爱因斯坦
——从来不在意别人的不屑眼光

阿尔伯特·爱因斯坦（1879年～1955年），德裔犹太人，因为对“理论物理”的贡献，特别是解释了“光电效应”而获得1921年诺贝尔物理学奖，是现代物理学的开创者、奠基人。他还为核能开发奠定了理论基础，被公认为是自伽利略、牛顿以来最伟大的科学家、物理学家。

即使被骂“笨蛋”也不怕

1879年3月14日，爱因斯坦出生在德国的一个叫乌尔姆的小城。

父母之所以给他取名为阿尔伯特·爱因斯坦，是因为这个名字代表着希望。父母看到爱因斯坦那可爱的模样后，就将全部的期许都寄托在了他身上。

但是，没过多久，父母就感到失望了——别人家的孩子都很早就能说话了，但是爱因斯坦到了 3 岁时候才刚刚开始“咿呀”学语。爱因斯坦有个比他小两岁的妹妹，叫玛伽，当玛伽已经可以和邻居交谈的时候爱因斯坦还不能流利说话呢，说起话来支支吾吾，甚至前言不搭后语……

父母看着爱因斯坦的举止这般迟钝，不由得开始忧虑起来。父母非常担心爱因斯坦的智力不正常，要比一般人低。爱因斯坦 10 岁时，父母通过商议才把他送到学校进行学习。但是在学校里，爱因斯坦经常受到老师以及同学的嘲笑，大家都觉得他很迟钝，还总是笑话他是“笨家伙”。

在学校，学生上下课都是按军事口令在通告的，因为爱因斯坦的反应太慢了，他总是因为迟钝而被教师呵斥和罚站。有一位老师还曾气愤地指着他的鼻子骂道：“这鬼东西真笨，什么课程也跟不上！”

在一次工艺课上，老师可以从所有学生的作品中挑出一件做得最不好的木凳，然后对大家说：“我想，世界上也许不会有比这更糟糕的凳子了！”学生们看到木凳后哄堂大笑，没错，这就是爱因斯坦做的，他当时红着脸站起来说：“我想，这种凳子是有的！”说完后，他又从课桌里拿出两个制作好的凳子，它们更加“不像样”，爱因斯坦又说：“这是我前两次做的，交给您的是第三次做的，虽然还不行，却比这两个强得多！”

这次解释，让爱因斯坦一口气讲了这么多话，他自己都感到惊讶。老师也没想到，听得目瞪口呆，一时间不知说什么好。

爱因斯坦就这样在讥讽和侮辱中慢慢地长大……

我们经常看到拥有辉煌成就的、拥有卓越功绩的人，在他们巨人形象下，很多人都会自惭形秽，然后认为“我这么笨，估计永远都成不了才！”或是觉得“我根本就不是成为伟人的料！”但是，下面这个小故事，给你讲述了一个笨人的成才故事。这个人就是阿尔伯特·爱因斯坦。就是这个当年被学校校长想成是“干什么都不会有作为”的笨学生，经过艰苦的努力，最终成为现代物理学的创始人和奠基人，是一位最杰出的物理学家。

谁说笨蛋不能成为天才

小学毕业后，爱因斯坦进入慕尼黑的卢伊特波尔德中学继续学业。在中学的这段时间里，他开始喜爱上了数学课，但除了数学，对其他科目并不感兴趣，他觉得那些科目是脱离实际和生活的。

孤独的爱因斯坦开始在书籍中寻找寄托，他希望找到一股强大精神力量，然后指引他。在这种情况下，爱因斯坦在书中结识了阿基米德、笛卡尔、歌德、牛顿、莫扎特……他从众多书籍中看到了一个更广阔的空间。他的视野开阔了，头脑里思考的问题也就逐渐多了起来。

一天，他对一直给他做辅导的舅舅说：“如果我用光在真空中的速度和光一道向前跑，能不能看到空间里振动着的电磁波呢？”舅舅听后感到很惊讶，他用赞许的目光盯着爱因斯坦，看了许久，虽然很赞许但又有些担忧。他知道，爱因斯坦的这个问题非同一般，在得出出问题的结果后将会引起出人意料的震动。

事实上，爱因斯坦之后一直被这个问题折磨着，他真的是太想知道结果了。

1895 年的秋天，爱因斯坦在考虑很久后决定报考瑞士苏黎世大学。可惜却失败了，他因为外文不及格而被这所大学拒之门外。但是，爱因斯坦在落榜后没有气馁，而是参加了中学补习。第二年如愿获得了中学补习合格证书，然后考入了苏黎世综合工业大学。

这时的他已经懂得为自己的未来做准备了。他把全部精力都用在阅读课外读物以及实验室里。当时教授们总是看到他读和学科无关的书，还经常做和考分没关系的试验，所以感到非常不满，常常指责他是“不务正业”。

爱因斯坦大学毕业时正赶上爆发经济危机，因为他是犹太人血统，没有钱也又没有关系，因此只好失业在家。为了能够生活下去，爱因斯坦只好到处张贴广告，靠讲授物理获得每小时 3 法郎的生活费。

然而，就是这段失业的时间给爱因斯坦带来了新的机会。

在授课过程中，他反复思量传统物理学对人类的影响，这促成了他对传统学术观点的猛烈冲击。之后他经过 5 个星期的艰苦奋斗，最终写出了 9000 字的论文《论动体的电动力学》，由此，狭义相对论由此产生。可以说，这是物理学史上的一次决定性的、伟大的宣言，是物理学向前迈进的又一里程碑。

虽然文章出世后也遭到了许多人的反对和批评，但是，爱因斯坦因此也得到了社会和学术界的重视。后来在很短的时间内，就有 15 所大学授予爱因斯坦博士证书，德国、美国、法国、波兰等许多国家的著名大学也想聘请他做教授。

当年被人们公认的“笨蛋”、“笨东西”、“迟钝”的爱因斯坦，终于成了全世界公认的、当代最杰出的聪明人物。可见，一个人不聪明

并不可怕，不相信自己才最可怕。不管是谁，只要愿意为自己的目标付出艰辛的劳动，就一定会得到成功之神的酬劳。

事实上，很多有成就的人在童年时代或是少年时代，都不一定能显出有什么优势，甚至还会因为太平凡、迟钝而被人讥笑，倘若自己因此就灰心丧气，不再努力，那才华和能力必然会被扼杀在摇篮中。

第四节　爱迪生
——不怕失败，有着惊人的顽强毅力

托马斯·阿尔瓦·爱迪生（1847 年～ 1931 年），世界著名的发明家、物理学家、企业家，拥有超过 2000 多项的发明专利，拥有“门洛帕克的奇才”称号。爱迪生是人类历史上第一个利用电气工程研究实验室从事发明专利，对世界产生重大深远影响的人。1999 年由美国《生活》杂志所评选出的千百年以来在全球市场上最具贡献力的 100 位人物当中，爱迪生名列榜首。

行动不止于他人的冷眼

爱迪生是一位影响世界进程的伟大发明家，他的家在美国中西部的俄亥俄州的米兰小市镇。父亲是荷兰人的后裔，母亲则是苏格兰人的后裔，母亲当过小学教师。

在爱迪生 7 岁的时候，父亲因为不善经营，导致生意亏本，全家不得不搬到密歇根州休伦北郊的格拉蒂奥特堡，在那里定居下来。就在搬到这个地方不久，爱迪生就不幸患上了猩红热，这一病就是很长时间，后来有很多人都认为爱迪生耳聋就是这个疾病造成的。

爱迪生 8 岁被送去学校念书，但不过只是读了 3 个月，因为老师觉得他是个“低能儿”，所以爱迪生被撵出校门。但是他的母亲可不这样想，之后亲自担任爱迪生的“家庭教师”，决定自己教儿子读书识字，不仅如此，还教育他做人要诚实，要爱祖国和爱全人类。

在母亲的良好的教育下，爱迪生没多久就对读书产生了浓厚兴趣。到后来，他不仅博览群书，而且一目十行，过目成诵。在他 8 岁时，他读了英国文艺复兴时期最重要的剧作家莎士比亚、狄更斯的著作和许多重要的历史书籍；到 9 岁时，他又读了难度较大的一些书，如帕克的《自然与实验哲学》。

爱迪生从小就喜欢发问，总是问一些奇怪的问题，让周围人觉得很烦。他的问题太多了，在家里也好，在路上也好，只要是他看到的几乎都是他问问题的对象。倘若他对大人的答复感到不满，他就会亲自去实验。例如，爱迪生有一次问妈妈：“为什么母鸡总是成天坐在那里呢？”妈妈回答他：“母鸡在孵蛋。”爱迪生便心想，母鸡可以孵蛋，那我也一定可以！这件事情过后没几天，他的爸爸、妈妈就发现爱迪生最近一直蹲在木料房里，就是不知道他到底在做什么。后来家人才知道，爱迪生正在孵蛋！每个人都不由得捧腹大笑。

小时候的爱迪生有一次看到铁匠将铁在熊熊的烈火中烧红，然后将其锤打成各式各样的工具时，他就出现一系列疑问，火是什么东西？火为什么会燃烧？火为什么是红的？火为什么这么热？铁在火中被烧之后为什么会发红？铁红了为什么就软了？回到家里他就迫不及待在自家的木棚里开始了关于“火”的实验。

他抱来很多干草，然后在屋子内将其点燃，就想弄清楚火到底是什么。然而，爱迪生的这次实验引来了一场火灾，将家中的木棚烧掉了。

爱迪生就是这样喜欢发问，喜欢亲自去试验一下，直到明白了其中的道理为止。长大以后，他开始将心思放在研究和发明上。他在新泽西州建立了一个实验室，在这里，他花费一生时间发明了很多东西，而且每样东西都极具价值，如电灯、留声机、电报机、磁力析矿机、电影机、压碎机等，总计有两千余种。

爱迪生在21岁以前经常换工作，他游荡于电信、电报公司之间，后来他来到纽约，依靠着他对机械的了解以及不错的维修技术，在这里慢慢地闯出了名声，有了积蓄后他成立了工程公司，专门制造和改良机器。爱迪生强烈的研究精神，使他对改进人类的生活方式做出了重大的贡献。

发明的路上分秒必争

爱迪生的学问一部分是依靠母亲的教导，一部分是通过自修而来的，最终成为举世闻名的“发明大王”。

爱迪生常对助手说“浪费，最大的浪费莫过于浪费时间了”，“人生太短暂了，要多想办法，用极少的时间办更多的事情”……诸如此类的话数之不尽。

有一天，爱迪生照常在实验室里工作，在工作中，他将一个没上灯口的空玻璃灯泡递给助手，然后说：“你量量灯泡的容量。”之后又低头继续工作。过了好一会，爱迪生问助手：“容量多少？”他没有得到回答，转头看助手正拿着软尺在测量灯泡的周长、斜度，然后用测得的数字进行计算。爱迪生看后摇摇头，他说："时间，时间，怎么费那么多的时间呢？"

爱迪生说完后走了过去，他拿起那个空灯泡，然后向里面倒满了水，再交给助手，然后说："里面的水倒在量杯里，马上告诉我它的容量。"这样一来，助手马上读出了数字。爱迪生看着这位助手说："这是多么容易的测量方法啊，它又准确，又节省时间，你怎么想不到呢？还去算，那岂不是白白地浪费时间吗？"

助手的脸红了。

然后爱迪生又重复起他的经常说的话："人生太短暂了，太短暂了，要节省时间，多做事情啊！"

其实，爱迪生没有成名之前就是个贫穷的工人。有一次，他的一个老朋友在街上遇见他，关心地对他说："你身上这件大衣破得不像样了，你应该换一件新的。"爱迪生毫不在乎地回答："用得着吗？在纽约没人认识我。"

几年过去了，爱迪生成了一个举世瞩目的大发明家。有一天，他在纽约街头又碰上了那个说他衣服破旧的朋友。这次，那位朋友惊叫起来说："你怎么还穿这件破大衣呀？这回，你无论如何要换一件新的了！"没想到爱迪生依旧毫不在乎地说："用得着吗？这儿已经人人都认识我了。"

19 世纪初人们开始使用煤气灯，可煤气需要管道的供给，倘若管道漏气或发生堵塞，就会出现事故，所以人们都希望能够改革照明设备。爱迪生和他的伙伴们曾经不眠不休地做了 1600 多次耐热材料和 600 多种植物纤维的实验，最终制造出第一个碳丝灯泡，这种灯泡能够燃烧 45 个钟头。在这个灯泡的基础上，他又不断进行改良，终于推出可以点燃 1200 小时的钨丝灯泡。

爱迪生的电灯事业在 19 世纪 80 年代中期获得了成功，也给他带来很大声誉。英国皇家学会会长洛奇称他是“世界上最伟大的人物”。美国总统胡佛说：“爱迪生是美国最负盛名的人，是美国的国宝，也是人类的恩人。”米勒也在《爱迪生传》中说：“如没有神的启示，没有一个舵手，没有一个引导的力量，爱迪生决不会有一个科学和数学的精密头脑来领悟宇宙的奥秘。天体行星在一定轨道上转动不息，千万年如一日；种种创造的奇妙，生活的纷繁差异，以及动物、植物和矿物的神奇不可思议，都使他相信宇宙间必有神。”

爱迪生的文化程度极低，对人类的贡献却这么巨大，他除了有一颗好奇的心，一种亲自试验的本能，就是他具有超乎常人的艰苦工作的无穷精力和果敢精神。

第五节　莱特兄弟
——一次又一次地在默默努力

莱特兄弟指的是奥维尔（1871 年 8 月 19 日～ 1948 年 1 月 30 日）和威尔伯（1867 年 4 月 16 日～ 1912 年 5 月 30 日）这两位美国人。他们是亲兄弟。世人一般认为他们于 1903 年 12 月 17 日首次完成完全受控制、附机载外部动力、机体比空气重、持续滞空不落地的飞行，并因此将发明了世界上第一架实用飞机的成就归功给他们。

懂得避开前人实践后的错误路线

威尔伯·莱特生于 1867 年 4 月 16 日，是美国俄亥俄州人，莱特兄弟的父亲是一个牧羊人，母亲是一位音乐教师。他的弟弟叫奥维尔·莱特，生于 1871 年 8 月 19 日，他们兄弟两个从小就对机械装配和飞行怀有浓厚的兴趣。

莱特兄弟还在幼年时代，就受到托斯顿·维布伦所说的“劳动天性”的影响。而他们的父亲米尔顿·莱特也经常在这方面对他们进行鼓励，父亲从来不会指责莱特兄弟把身上仅有的一点儿零用钱花在买工具、材料上的这方面癖好，反而会敦促他们要尽量多挣钱，才能弥补他们想要进行创造性劳动所需要的开销。

莱特兄弟从小就对机械有着天生的爱好，小时候就极为喜欢对各个物件进行拆卸安装等。他们特别是对一些旧时钟、磅秤等表现出了莫大的兴趣。不过，哥哥比弟弟大 4 岁，所以威尔伯常常与自己年龄差不多的男孩子们交往，而弟弟奥维尔也有属于自己的好朋友。

一般在家里的时候两兄弟才会很自然地玩在一块。对于玩些什么，弟弟奥维尔通常是听哥哥的。威尔伯经常会把街道上别人丢掉的破铜烂铁搬回家，然后进行“研究”，奥维尔总是陪在他身边，跟着他跑前跑后，还经常“呼哧呼哧”地用尽吃奶的劲来帮哥哥将这些“宝贝”搬回家，放在后院属于他们的小仓库里。

1878 年圣诞节，爸爸给他们带回了一个“蝴蝶”的玩具，然后告诉他们，这是“飞螺旋”，可以在空中飞得很远。这时候威尔伯就说：“鸟才能飞呢！它怎么也会飞！”因为威尔伯提出了怀疑，爸爸就当场给他们做了表演。他先把上面的橡皮筋扭好，然后突然一松手，就听飞螺旋发出“呜呜”的声音，然后高高地飞了出去。眼见为实，兄弟俩这才相信了，原来，除了鸟类之外，人们手工制造的东西也是能够飞上天的！为了看清原理，弟兄俩就把飞螺旋给拆开了，看看它到底为什么能飞上天的。

这次事情后，莱特兄弟萌发了要制造出一种能够飞上天空的东西的愿望，而这个美好的愿望在后来一直影响着他们。

1884年6月，莱特全家再一次搬回了老家居住，他们又回到了最早在霍索恩街买下的那座有7间房的简朴房屋里。1896年，莱特兄弟听说德国的航空先驱——奥托·李林达尔在一次滑翔飞行中不幸遇难了。这条消息不仅对莱特兄弟来说是个打击，其实是对所有梦想飞行的人的一次打击。

后来，莱特兄弟已经熟悉了机械装置，并且那一时期人类进行动力飞行的基础实际上已经成熟了。李林达尔的问题在于，其实他没有参透操纵飞机的技巧诀窍。莱特兄弟对李林达尔的失败进行了全方位的总结后，开始迎难而上，满怀激情地投入了对动力飞行的钻研。

莱特兄弟不仅知道要掌握好前人的研究成果，而且非常注意向活着的飞行物——鸟类进行学习。他们经常朝着天空躺在地上，一躺就是几个小时，对在空中飞行的鹰进行观察。莱特兄弟在思索鹰是如何起飞、如何升降和盘旋的……当年他们提出的许多新颖想法，都在以后的航空工业中得到了应用。

莱特兄弟十分重视吸取前人经验教训，这对莱特兄弟后期对飞行器的研制起到了良好的理论促进作用。当时，他们无法得到他人资助，但他们不气馁，而是用自行车生意赚来的钱来维系飞机的研制。

默默等待付诸使命的时刻

1900年10月的一个傍晚，威尔伯趴在一个非常容易碎的滑翔机骨架上，他迎着海风慢慢飘了起来，没错，他的研究成功了！

这次飞行虽然只是短短的几秒钟实践，飞翔高度也不过是1米多高，但莱特兄弟所取得的成就已经超过了试图靠移动身体重量操纵飞行的李林达尔。就在这次实验的第二年，兄弟二人在之前的基础上经过许多次改进，最后制成了一架滑翔机。秋天时，他们带着这架滑翔机来到基蒂霍克海边开始试飞，当时没有人能够想象到，这架滑翔机的飞行高度竟然一下子达到180米之高。奇迹发生的具体时间为1903年12月17日。

回顾实验的过程，至今令人回味。那天清晨，美国北卡罗来纳州的基蒂霍克还在沉睡，当时天气非常寒冷，还刮着大风，大多数人还在休息。在空旷的沙滩上，莱特兄弟制造的带着巨大双翼的怪家伙就静静地停放在那，这就是人类历史上第一架飞机——“飞行者一号”。

由于时间过早，空旷的场地上格外冷清，到现场观看此次实验的只有5个人。10时35分时，莱特兄弟一切准备就绪，他们两个为了能够率先登机试飞，决定以掷硬币的方式来决定谁先登上飞机，结果是弟弟奥维尔。

只见奥维尔爬上“飞行者一号”的下机翼，然后俯卧于操纵杆后面的位置上，他的手中紧紧握着木制操纵杆，威尔伯则将发动机开动，然后推动滑翔机滑行。

就这样，人们看到飞机在发动机的作用下发生剧烈的震动，在几秒钟之后便在自身动力的推动下从“斩魔丘”上缓缓滑下，在飞机达到一定速度后，威尔伯一下子松开手，飞机像小鸟一样离地飞上了天空……即使当时“飞行者一号”飞得并不平稳，或者说还有点跌跌撞撞，但是它确实在空中飞行了12秒的时间，距离为36.5米，后来又平稳地落在沙滩上。接着，他们又轮换着进行了3次飞行。

这天的最后一次飞行是威尔伯操作的，他在 30 千米的风速下，飞行了 59 秒的时间，距离为 260 米。这预示着人们梦寐以求的载人空中持续动力飞行最终取得了成功。可是，莱特兄弟没想到的是，原本进展很顺利的实验也出现了意外，就在几分钟后，突然刮来一阵狂风，将“飞行者”1 号掀翻了，导致飞机受到严重损坏，不过此时，它已经完成了历史使命。人类动力航空史就此拉开了帷幕。

他们兄弟二人在配合研究方面是非常完美的。哥哥威尔伯做事勤勤恳恳，扎扎实实，拥有工程师的细致和谨慎，而弟弟奥维尔极富想象力，像个艺术家，他敢于不断创新。这样两颗智慧的大脑进行完美的配合，相得益彰。哥哥威尔伯也说：“奥维尔和我一起生活，共同工作，而且简直是共同思维，就和一个人一样。”

第6章

恪尽职守：任何工作都应做到尽善尽美

在社会不断进步的过程中，总有一批批劳动先驱者坚守岗位、兢兢业业，为社会贡献最大的力量。他们热爱祖国，遵守国家法律法规，同时具有优秀的思想品质和职业道德。他们崇尚科学，敢于探索，勇攀高峰，在物质文明、政治文明、精神文明的社会体制下，做出重大贡献者，他们的劳动价值也体现了社会精神价值。

第一节 竺可桢
——排除万难，冒百死也要求真知

竺可桢（1890 年～ 1974 年），又名绍荣，字藕舫，汉族，浙江省绍兴县东关镇人（今属浙江省绍兴市上虞区）。当代著名的地理学家、气象学家和教育家，是中国近代地理学的奠基人。1921 年在南京大学的前身南京高等师范学校建立了中国第一个地学系。竺可桢被公认为中国气象、地理学界的“一代宗师”。

没有克服不了的困难

竺可桢小时候聪明好学，他从两岁就开始学习认字，在他的家庭影响下，最早在私塾里读书。竺可桢学习非常刻苦，15 岁开始念中学，就读于上海澄衷学堂，后来又进入复旦公学继续学业，后来又去唐山路矿学堂读书。

竺可桢身材很瘦弱，有些“弱不禁风”，所以经常被同班同学欺负，据说文学家胡适曾经就讥笑过他，说他最多也活不过 20 岁。竺可桢听到类似于胡适的这些话后，决心锻炼身体，想要换来一个强劲的体魄。他风雨无阻，每天坚持锻炼，后来他的身体逐渐强壮起来，日后也很少出现健康问题。

在竺可桢小学毕业时，他的才学在同龄人中绝对算是一流的。但是，他的个子很矮，又十分瘦小。面对同学们的嘲讽，竺可桢特别气恼，很多时候他都想走上前去，狠狠回敬那些嘲讽者几句，可后来转念一想：自己本身就长了这么一副单薄的身子骨，还怕人说吗？

然而，身体是革命的本钱，要想将来成为一个对国家、对社会有用的人，首先就得有一个好身体。他暗下决心：“对，男子汉想到就要做到。”所以他连夜制定了一套详细的锻炼身体的计划，为了激励自己，他还写了六个大字：“言必行，行必果”，将字贴在屋子里最明显的地方，让自己时时看到。

自此，竺可桢每日闻鸡起舞，到校园里跑步、舞剑或是做操。就算是遇到不好的天气，他也从不间断。小竺可桢凭着自己的勤奋与好学，凭着自己的意志与精神，锻炼身体如此，摄取知识更是如此，在知识的海洋中越走越远，越走越远……

因为竺可桢学习努力，成绩卓著，在学校时，他曾经连续 5 次考试都是全班第一。1910 年，他因为成绩优异，成功考取了公费留学生，没多久就进入美国伊利诺斯大学学习农学，而后又转入哈佛大学地学系专攻气象。

哈佛大学求实崇新、自由探讨的学风，给他深刻影响。1918 年他以台风研究的优秀论文获得了博士学位，那一年他才 28 岁。

坚持“科学救国”的艰难道路

竺可桢是第二批利用“庚款”赴美留学的 70 名公费出国学生之一。在当时旧中国内战频繁大背景下，这一批学生在学成回国后不是走上经

商之路，就是投奔了军阀，像竺可桢这样坚持“科学救国”的是极少数。因为大家知道，这条路实在太艰难了。虽然竺可桢所走的道路是20世纪前期中国进步知识分子追求真理和光明的道路。

竺可桢早看清清政府的腐朽和昏暗，所以他和同时代的进步青年一样，非常想争取到去西方学习的机会，然后积攒力量以改造国家。

国民党的统治下的黑暗现实，特别是特务横行的现状，从反面敲击并教育了他。竺可桢任浙江大学校长的这段时间，就以爱国科学家的正义和良知勇敢地站了出来，他要坚决与之做斗争。所以当时国民党政府教育部在公函中曾申斥他“包容奸伪匪谋学生之一切非法活动于不闻不问”。

通过新旧中国的对比，竺可桢相信：只有跟着共产党走，才能实现自己的理想和抱负。这也是当年许多爱国科学家的共同感受！就这样，竺可桢延续着“科学救国”的理想，回到了祖国母亲的怀抱，他先后执教于武昌高等师范学校和南京高等师范学校。

竺可桢在1920年受聘担任南京高师地学教授，第二年，在竺可桢的主持下，学校建立了地学系，地学系设有地理、气象、地质和矿物这4个专业，还新任了系主任。在这里，竺可桢为了教学需要，亲自编写了两种讲义——《地理学通论》和《气象学》，成为中国现代地理学和气象学教育的奠基性教材。

在东南大学任教的这段时间，竺可桢在筹建校南农场气象测候所这件事上表现得十分积极。在他的主持下，学校购买了各种所需仪器设备，定期观测温度、湿度、气压、雨量、日照等项目。并且将观测结果定期发往南京气候报告。这是我国自建和创办气象事业的起点和标志。

1927年北伐胜利，政府筹建中央研究院，下设观象台筹备委员会，竺可桢担任中国气象学会副会长，后来又被任命为气象研究所所长。要知道，此时的气象研究所不仅是全国的气象学术研究单位，更是领导全国气象事业建设的国家机构。

竺可桢算是白手起家，也没有任何可以依仗的人，他克服了重重困难，努力发展我国气象事业。他首先领导了中国气象台站网的建设，提出了《全国设立气象测候所计划书》，计划于十年的时间内在全国建立气象台 10 处，测候处 150 处，雨量测候所 1000 处。

在气象所成立的当年，就首先建成了南京北极阁气象台，这是我国近代气象科学事业的发祥地，也是当时中国气象科学研究中心和业务指导中心。

第二节　李四光
——以国家地质事业为己任

李四光（1889 年～ 1971 年），我国杰出的地质学家，地质力学的创造者和新中国地质事业的开拓者与奠基人。他以独到的学术见解创立的地质力学，不仅圆满地解决了各种地质构造形式的形成机制，而且成功地指导了找矿工作。根据他的理论，我国相继发现了大庆油田、胜利油田、大港油田等重要油田，为祖国的社会主义建设做出了卓越贡献，在国际上他也享有很高的声誉。

成为一名“少年有志者”

李四光小的时候，因为家境不怎么好，生活非常艰辛。他一家几口

都是依靠父亲办私塾教书赚取的一点学费来维持生计，倘若遇上了不好的年景，私塾里来上学的学生就会少很多，收入就更少了，就有断粮断炊的危险。

李家实在无米下锅时，不得已也会向当地的地主家里去租借。而李四光的母亲为了贴补家用，也时常会以纺线织布来换些零用钱。李四光的父亲是个非常耿直的人，好打抱不平，所以曾经因为和黄冈的革命党人有来往，后来被迫逃离了家乡，在南京躲了有1年多时间才回家，而他不在家的那段时间，家里的生活就更加艰难了。

就是童年的这些艰辛经历，让童年的李四光受很大影响。

李四光5岁的时候，跟一位姓陈的老先生接受启蒙教育，6岁时转入父亲开设的私塾里，跟着父亲念书。

李四光学习刻苦认真，比一般的孩子要勤奋用功得多。他每天从早到晚，读书练字、背诵文章以及习作文章等，总是忙个不停。他一点也不贪玩，就算老师不在课堂监督，他也能独自学习。和别的小孩子不一样，他从来不爬桌子，踩凳子，不会因为玩闹耽误学习。

李四光从小就喜欢动脑筋，遇到不懂的问题就及时提出，向人讨教。

有一次，李四光和小朋友一起玩捉迷藏的游戏，在这个过程中，他看到村头有一块很大的石头，因此产生疑问：这么大的石头是怎么来的呢？并且，只有这么一块石头，周围为什么没有这种石头呢？或者说这是个偶然的巧合？后来，他成为著名的地质学家后，还曾科学地回答过他孩童时的疑问。

此外，他还非常喜欢自己动手制作一些小玩具，比如小汽车、各种小船、各种色彩的灯笼等。因为心灵手巧，所以同伴们都喜欢他，有些孩子还很佩服他。尤其是他还有一个非常优秀的富有同情心的品质，他对左邻右舍的穷苦人都有很深的感情。有一次，天气特别冷，一个小偷进入他家私塾里，把同学盖在被子上的棉衣都偷走了，但这个小偷最后被同学们捉住了。大家你一拳我一脚，狠狠将小偷揍了一顿，最后又把小偷吊了起来。

期间，只有李四光没有动手打那个小偷，而是悄悄地拿来一条板凳垫在了小偷脚下，不想那么为难小偷，还劝诫小偷以后不要再做坏事了，不然挨这么多打，可怎么受得了呢?

李四光就是这样，从小就有优良的品质，他家境并不好，但是从小知道学习知识的重要性，自己也十分刻苦，就算别的小朋友经常一起打闹他也不参与。因为他想要通过学习改变命运，以便日后能做更加有意义的事情。此外，因为他从小就对各种事物充满好奇，所以为了解开一个个谜题，他的求知欲望非常强烈，也这是他之所以能够走向成功的必要因素之一。

经过漫长的旅行，李四光乘坐的轮船终于在日本横滨港靠岸，开始了他的留学生涯。学习的日子是苦伴随着乐的，他在这里受到了良好的教育，一些新思想源源不断传入他的脑子里。

后来，李四光归国了，但不久他又进行了一次长途跋涉，这次他要远渡重洋第二次离开祖国，下一站是英国伦敦。他知道，这里是资本主义文明的故乡，更是近代产业革命的发源地。来到伦敦后，他看到了从未见过的车水马龙与高楼林立。但他看重的不是这满眼浮华，而是知识和科学。经过慎重的考虑，李四光决定进入在采矿方面较为著名的伯明翰大学。

伯明翰大学在英国西部重镇的伯明翰城，他匆忙离开了伦敦来到学校，在附近的一所公寓住了下来。

在伯明翰大学学习的这段时间，李四光不知疲倦，连休息时间他都不放松学习。只有极少数时间会在假日时去逛逛公园，看一看著名的名胜古迹等，即使外出，也时常带着报纸杂志或是厚厚的书籍。

在林荫里，或是在流水旁，他走累了就坐下休息，而休息时就必然把带着的材料拿出来抄抄写写，或是思考一些心中疑惑。但这种平静的学习生活并没有持续太久。1914 年 8 月 4 日第一次世界大战爆发了，以英、法、俄为一方的协约国和以德、意、奥为一方的同盟国，为重新瓜分世界，争夺殖民地，展开了生死大战。

在短短时间内，英国的生活物资出现严重短缺，物价猛涨，生活极度困难，当时大部分留学生都无法忍受这种生活困境，选择离开了英国。但是李四光硬是凭着顽强的毅力和从小养成的坚忍精神，竟然坚持了下来。他节衣缩食，逐一克服困难，坚持学习。

他常常利用假期去附近矿山做临时工，赚钱以维持生活，即使生活极为艰苦，他最终还是完成了学业。1918 年 5 月，李四光用英文写成了一篇长达 387 页的论文——《中国之地质》，提交后一个月，他就通过了论文答辩，被伯明翰大学授予自然科学硕士学位。

参与艰难的地质研究工作

李四光到北大地质系后，主讲岩石学和高等岩石学两门课程，他以严谨的治学作风赢得了学生的尊重。他经常带学生到野外进行实地教学，边看边讲，一个山头、一个沟谷、一堆石子、一排裂缝他都不放过。学校经费不足，他带领学生白手起家搞建设，将学习环境收拾得十分雅静。

在教学的同时，他对研究工作也不放松，他一生中在地质学方面的主要贡献，如古生物蜓科的鉴定方法、中国第四纪冰川的发现和地质力学的创立，都是在这期间开始的。在研究过程中，他从不为已有的观点和学说所束缚，而是按照自然规律，去寻找尚未被人们认识和掌握的真理。因此，他能不断提出创造性的见解，并敢于向一些旧观点提出挑战。

19 世纪以来，就不断有德国、美国、法国、瑞典等国的地质学家到中国来勘探矿产，考察地质。但是，他们都没有在中国发现过冰川现象。因此，在地质学界，“中国不存在第四纪冰川”已经成为一个定论。可是，李四光在研究蜓科化石期间，在太行山东麓发现了一些很像冰川条痕石的石头。他继续在大同盆地进行考察，越来越相信自己的判断，于是，他在中国地质学会第三次全体会员大会上大胆地提出了中国存在第四纪冰川的看法。到会的农商部顾问、瑞典地质学家安特生轻蔑地一笑，予以否定。

为了让人们能接受这一事实，李四光继续寻找更多的冰川遗迹。10 年以后，他不仅得出庐山有大量冰川遗迹的结论，而且认为中国第四纪冰川主要是山谷冰川，并且可划为三次冰期。

当李四光的这个学术观点再次在全国地质学会上发表以后，引起了 1934 年著名的庐山辩论。在半封建半殖民地的旧中国，中国的科学家低人一等，外国学者中有相当一部分人是带着民族主义和种族歧视情绪到中国来的。因此，尽管大量事实摆在眼前，几位外国学者并没有改变他们的观点。

1936 年，李四光又到黄山考察，写了《安徽黄山之第四纪冰川现象》的论文，此文和几幅冰川现象的照片引起了一些中外学者的注意，德国地质学教授费斯曼到黄山看罢回来赞叹道:“这是一个翻天覆地的发现。”李四光十多年的艰苦努力，第一次得到外国科学家的公开承认。可是，他知道，这还远远不够，他干脆把家搬到庐山上，又在庐山脚下建立了一个冰川陈列馆，起名叫“白石陈列馆”（后被国民党海军炸毁），更深入细致地进行冰川研究。

李四光关于冰川的多年研究，在1937年完稿的《冰期之庐山》中得到全面阐述。可惜由于抗战爆发，这部书10年后才得以出版。

李四光的最大贡献是创立了地质力学，并以力学的观点研究地壳运动现象，探索地质运动与矿产分布规律。他确立了新华夏构造体系的概念，分析了其特点，并运用这些理论概念探讨了中国的地质条件和石油形成条件。早在20世纪40年代，我国地质学家潘钟祥就明确提出了陆相生油学说，说明中国广布的陆相地层一定有石油，从理论上反驳了西方所持的中国贫油的观点，为中国地质科学奉献了宝贵的一生。

第三节　梅兰芳
——演出之前决不饱食

梅兰芳（1894年～1961年），原名梅澜，祖籍江苏泰州，生于北京。梅兰芳是卓越的戏曲家，京剧表演艺术家。青年时代从艺使他在京剧表演艺术上打下了深厚的基础，后来又勇于革新，编演新戏，使京剧在各方面都出现了新面貌。他所创立的“梅派”艺术，继往开来，影响深远。他还是让京剧走向世界的先行者，是闻名世界的艺术大师。

用刻苦锻炼弥补先天不足

梅兰芳的父亲梅竹芬也是京剧演员，只是在梅兰芳4岁时就去世了。

梅兰芳的伯父叫梅雨田，同样是个戏曲工作者，且是十分有名的琴师和笛师，专门为京剧和昆曲做伴奏，能够伴奏的戏非常多。在这些长辈们的熏陶下，梅兰芳从小就喜欢看戏和听戏。

梅兰芳 8 岁时开始学戏，学的是旦角。要知道，男孩子想要学习旦角，也就是扮演女角色，是很不容易的，唱、念、做等都要模仿女性，不管是说还是唱，都要用假嗓，这可不是一朝一夕就能学出来的，需要刻苦地练习。梅兰芳成为知名的京剧演员后，他依旧恪尽职守，为了能够取得良好的演出效果，他在演出之前决不饱食。然而这些敬业精神的练就，离不开他小时候就已经培养好的刻苦、奋进的良好行为……

最初梅兰芳的天赋条件并不是很好。有时候一出戏，即使老师已经教了很长时间，梅兰芳还是没有学会。甚至有一次，老师见他学得太慢了，就很生气地说："不行，祖师爷没给你这碗饭吃！"梅兰芳听到这话后脸立即就红了。然而他不想放弃，反而下决心一定要学出样子来。

之后，他几乎所有时间都用在用心琢磨、反复学唱方面。一般情况下，一段唱，唱个六七遍就能学会，梅兰芳却要唱二三十遍才会。因为练习的时间长、次数多，渐渐地，他就练出了又亮又圆润甜美的好嗓子，之后唱出来的曲子特别招人爱听，也让他渐渐出了名。在出名之后，他再见到最早教过他，并且说他"祖师爷不赏他这碗饭"的老师时，这位老师都不好意思了，然后说："我那时候真是有眼不识泰山啊！"

梅兰芳听到老师的话后，赶忙说"您别这么说。其实我受您的益处太多了，当初要不是挨您一顿骂，我还不懂得奋发上进呢！"

不仅在嗓子上梅兰芳先天条件不足，而且梅兰芳小时候眼睛就有点

近视，他的眼皮下垂，眼珠也没什么神气。然而旦角在台上的眼神尤为重要。这可怎么办呢？后来，梅兰芳养了几只鸽子。每次放鸽子起飞时，他都用眼睛随着鸽子飞翔而转动，然后越望越远。就这样经常地练习眼睛，他的眼睛方面的毛病就没有了，而且变得非常有神，一直到了老年的时候，在舞台上演出时还是那么的光彩照人。

太多的人都以为梅兰芳的艺术成就是天赋条件好，其实不然，他的成名实际上主要归功于他的刻苦学习和努力钻研，这点十分值得人们学习。

在梅兰芳还不到20岁的时候，他就在北京唱红了。不久后他来到上海演出，同样是一炮打响，很多人都认识了他。他拥有甜润大方的唱腔，更有俊美的扮相以及细致入微的表演，得到了太多的赞扬。

在人生低谷也要保持民族气节

梅兰芳出名以后，因为种种原因也有生活拮据的时候。在那段时间里，他断了经济来源后，甚至挥泪卖了在北京的房子，后来又相继卖出自己多年收集的藏品。尽管如此，之后还是过起了举债度日的生活，为了生计他后来不得不向亲友借了一笔钱。

他人格高尚，也交了很多朋友，在他的生活陷入绝境时，有很多朋友都解囊相助。老画家叶誉虎就提议与他合作，办一个国画展览，突出梅、竹的主题，以扩大社会的影响。后来，在日本占领中国大片领土后，他蓄须明志，体现了对国家的忠贞以及对日本侵略者决不低头的民族气节。

当时上海是沦陷区，整个上海陷入一片混乱中，人人都恐慌度日，不是停水停电，就是空袭警报，市民每天都提心吊胆的，生怕下一刻就惨遭不测。梅兰芳就是在这种艰苦的环境中作画的，他尽力克服一切难以想象的困难，并且那段时间也让他的画技大有长进。

经过 8 个月时间，他一个人就画了 170 多幅作品，且题材极为广泛，包括仕女、花卉、松树、佛像、梅花等，后来和叶誉虎的作品一同于 1945 年春天在上海成都路中国银行的一所洋房里展出，展出后立即受到广大参观者的好评。

展览结束后，梅兰芳的生活还是没有好转，他被迫将那时期创作的大部分作品都卖掉了，赚到的钱一部分用于还债，一部分用于安排生计，还有一部分资助给剧团里生活更困难者。

后来梅兰芳在回忆这段苦涩经历时，百感交集，他也曾心境忧郁地对朋友说：“一个演员正在表演力旺盛之际，因为抵抗恶劣的社会环境，而蓄须谢绝舞台演出，连嗓子都不敢吊，这种痛苦我无法用语言来形容。我之所以绘画，一半是为了维持生活，一半是借此消遣。否则，我真是要憋死了。”

在人生的低谷时期，梅兰芳努力克服一切困难；在抗战期间，梅兰芳蓄须明志，坚决不为民族的敌人演出，展现出一代大师不屈不挠的刚强骨气。这一事件成为神州大地感人的佳话，在中华儿女中广为传颂，极大地鼓舞了中国人民奋勇抗战的决心。

第四节　雷锋
——全心全意为人民服务

雷锋，1940 年 12 月 18 日出生，他是全心全意为人民服务的楷模、

伟大的共产主义战士。作为一名普通的中国人民解放军战士，雷锋在短暂的一生中助人无数。一部可歌可泣的《雷锋日记》令无数读者为之动容，“雷锋精神”激励着一代又一代人。毛泽东同志于 1963 年 3 月 5 日亲笔题词“向雷锋同志学习”，我国把 3 月 5 日定为学雷锋纪念日。

在苦难的岁月中积极地活

抗日战争时期，中国广大人民群众生活在水深火热之中。在这样大背景下，雷锋从出生到成长，一直伴随着战争，所以他的家很穷。他曾在一篇日记中写道：“我家里很穷，爷爷、父亲、哥哥，都死在民族敌人和阶级敌人的手里，这血海深仇，我永远铭记在心中。”

雷锋的爷爷叫雷新庭，他租种地主的田地以求谋生，所以整年都在地里辛苦劳作，即使这样，还是没办法维持全家人的生计。后来，爷爷身染疾病卧床不起，且病情越来越重。在雷锋 3 岁那年冬天，正值年关时，地主前来逼债，一定要雷家在过年前将租债还清，但是在当时的情况下，雷新庭根本偿还不起，他悲愤交集，导致病情恶化，最终在过年的鞭炮声中去世了。

雷锋的父亲雷明亮遭受日寇的毒打，导致原本就没好的伤势又雪上加霜，在第二年的秋天逝世了。雷锋还有一个哥哥叫雷正德，因为生病去世，还有一个弟弟，后来被饿死了。在雷锋 6 岁的时候，家里只剩下了他和妈妈两个人。即使这样，雷锋虽然年纪不大，但没有被残酷的现实打到，他依旧选择要积极地活。

雷锋在 1956 年的夏天小学毕业，之后在乡政府担任通信员，没多久又被调到望城县委当公务员，因为工作十分出色，他被评为机关模范工作者。1957 年，雷锋如愿加入共青团。第二年春天，他来到团山湖农场就职。同年 9 月，雷锋响应号召，到辽宁鞍山做了一名推土机手。后来雷锋逐步显现了他在工作中认真负责的态度。

1958 年 8 月，雷锋来到弓长岭焦化厂参加基础建设，他曾带领伙伴们冒雨奋战，保住了 7200 袋水泥免受损失，后来《辽阳日报》针对此事做了详细报道。在鞍山和焦化厂工作期间，他曾 3 次被评为先进工作者，5 次被评为标兵，18 次被评为红旗手，并荣获“青年社会主义建设积极分子”的光荣称号。后参军入伍。

雷锋的命运是悲苦的，他的爷爷劳苦一生，仍旧欠人家很多租债还不起，最后因病情加重去世。雷锋的父亲和哥哥以及弟弟也都死得很惨，这在他幼小的心里造成了严重的创伤。然而，雷锋并没有因为恶劣的环境而产生诸如厌世的消极心理。相反，他却积极地生活。他出色地完成工作，尽心尽力地为人民服务。

用生命谱写服务精神的篇章

从 1961 年开始，雷锋开始频繁应邀去外地做报告，也就是说他有很多出差的机会，这样一来，他为人民服务的机会也就多了起来。那时候，流传着这样一句话：“雷锋出差一千里，好事做了一火车。”

有一次雷锋外出，他在沈阳车站换车时，在出检票口的时候看见一群人围着一个背着小孩儿的中年妇女。原来这名妇女从辽宁去吉林看丈夫，一不小心把车票和钱都丢了，雷锋连忙用自己的津贴费买了一张去吉林的火车票塞到大嫂手里。大嫂眼含热泪地说“小兄弟，你叫什么名字，住哪儿，是哪个单位的？”雷锋回答道：“我叫解放军，就住在中国。”五月的一天，雷锋冒雨去沈阳，他为了赶早车，早晨5点多就起来，带了几个馒头就披上雨衣上路了。路上，雷锋看见一位妇女背着一个小孩，手还牵着一个小女孩，正艰难地向车站走去。

雷锋想都没想，脱下身上的雨衣就披在大嫂身上，又抱起小女孩陪她们一起来到车站。上车后，雷锋见小女孩冷得直发抖，就把自己的贴身衬衣脱下来给她穿上。雷锋估计她们没吃早饭，就把自己带的馒头给她们吃。火车到了沈阳，天还在下雨，雷锋便把她们送到家里。那位妇女感激地说：“同志，我可怎么感谢你呀！”雷锋说：“不要感谢我，应该感谢党和毛主席！”

过年的时候，战友们会高兴地在一起参加各种文娱活动。有一次，雷锋和战友们在俱乐部打了一会儿乒乓球，在休息的时候想到了每当逢年过节，那些服务和运输部门就十分繁忙，如果有人能帮帮他们就好了。于是，他放下球拍，叫上同班的几个同志，一起请假后直奔附近的瓢儿屯车站。他们帮助工作人员给候车室做清扫，给旅客倒水等，雷锋的“做好事”精神把全班都带动起来了。

雷锋还喜欢把自己的藏书拿出来和同志们一起学习，所以当时人们喜欢称他为“小小的雷锋图书馆”。他对帮助同志学习知识这件事情乐此不疲，同班有一个战友叫乔安山，他的文化程度很低，雷锋就手把手地教他认字和学算术。

如果有战友出了什么事，或是他们的家里出了什么事，雷锋知道了就一定会帮忙。比如，战友小韩在夜里出车时棉裤被硫酸水烧了几个洞，雷锋值班回来发现后，一针一针地为小韩补好裤子，轻轻地盖在他身上。知道这个情况的乔安山说：“为了给你补裤子，雷锋半宿都没睡！”

1962 年 8 月 15 日上午 8 点多钟，雷锋和助手乔安山驾车从工地回到连队车场，他当时不顾舟车劳顿，没有休息就立即去洗车。当时，战士们在路边栽了一排约两米高的晒衣服的木杆，顶上用 8 号铁丝拉着。雷锋让乔安山开车，自己下车引导，指挥乔安山倒车转弯。汽车的前轮过去了，但后轮胎外侧将木杆从根部压断。由于顶部铁丝的作用，木杆反弹过来，正好击中雷锋的左太阳穴，当场就打出血来，雷锋昏倒在地。

虽然战士们立刻将雷锋送去了医院，但是因为他颅骨损伤以及脑颅出血，最终生命也没有被挽救回来，雷锋就这样去世了。终年 22 岁。

雷锋工作认真，处处为别人着想，从来都是把自己的利益放在最后，他就是这样，永远选择永不停息地、全心全意地为人民做好事。难怪人们一见到为人民做好事的人就想起雷锋，因为他是我们的好榜样！

第五节　焦裕禄
——用行动实践亲民爱民

焦裕禄（1922 年～ 1964 年），革命烈士，干部楷模。他于 1946 年加入中国共产党，1962 年被调到河南省兰考县担任县委书记。时值该县遭受严重的内涝、风沙、盐碱三害，他坚持实事求是、群众路线的领导工作方法，同全县干部和群众一起，与严重的自然灾害进行顽强斗争，努力改变兰考面貌。后来，他身患肝癌，依旧忍着剧痛坚持工作，被誉为“党的好干部”、“人民的好公仆”。他用自己的实际行动，铸

就了亲民爱民、艰苦奋斗、科学求实、迎难而上、无私奉献的焦裕禄精神。

有时候，磨难也是一种历练

焦裕禄出生于军阀混战时期。在那个时代，不管是哪个军阀打过来了，都会派捐要款，抢粮抓夫，闹得民不聊生。焦裕禄家在山东博山县北崮山村，是一户贫苦农民家庭。因为他青少年时代正处在万恶的旧社会，所以饱尝了人间的苦难。

直到后来，在党的教育和领导下，焦裕禄义无反顾地参加了民兵，后来又入了党，正式走上了伟大的革命道路。后来在抗日战争以及解放战争中，焦裕禄还经历了严酷的战火的考验和锤炼。

因为出生在一个贫苦农民家庭，焦裕禄深知学习知识的重要性。他7岁开始接受教育，学习非常认真刻苦，每次考试的成绩都名列前茅。1932年，焦裕禄的家乡遭遇罕见的灾荒，原本家境就很贫困的他不得不退学在家，那年他11岁。后来跟随穷乡亲推着独轮小车，运煤卖煤。

在暗无天日的旧社会，焦裕禄的家庭和广大劳动人民一样，深受帝国主义、官僚资本主义、封建主义三座大山的残酷压迫和剥削，过着牛马不如的生活。在焦裕禄十几岁时，日本鬼子侵占了山东博山。他为了让家里人不至于饿死，被迫到黑山煤窑当小工。

在那里，他每天要干10多个小时的重活，在这样的工作强度下，得到的仅仅是一点橡子面，根本不能养家糊口，大部分时间他连自己的肚子都填不饱。焦裕禄的父亲后来因为没有钱还地主的债，被地主活活逼死了。那时候，焦裕禄还来不及擦干眼泪，就又被日本鬼子抓到抚顺的一个煤窑做苦工。

在日本鬼子、汉奸的刺刀威逼下，他每天在煤窑里干 15 个小时以上的苦工，和焦裕禄一同住在一个 23 人的工棚中，在不到 3 个月时间里，就有 17 人被折磨死了。后来，焦裕禄和工友一道同敌人进行了不屈不挠的斗争，冒着生命危险逃出了虎口。

焦裕禄饱尝人间苦难，在混乱的时局下，他被旧社会摧残到了十分悲惨的境地。即使这样，他仍然顽强地坚持着，希望有朝一日能够跳出旧社会的魔咒。他在日本人以及汉奸的威逼下做苦力，看着身边的工友一个个被折磨死，他决心不屈服，最终冒着生命危险逃出了魔爪。

有了这些经历的铺垫，在后来他为国家事业努力时，曾说过这样的话：

"在这大风雪里，群众住得咋样？牲口咋样？我说，你们记住，马上通知下去。第一，所有农村干部必须深入到户，访贫问苦，安置无屋居住的人，发现断炊户，立即解决。第二，所有从事农村工作的同志，必须深入牛屋检查，照顾老弱病畜，保证不许冻坏一头牲口。第三，安排好室内副业生产。第四，对于参加运输的人、畜，凡是被风雪隔在途中的，在哪个大队的范围，由哪个大队热情招待，保证吃得饱，住得暖。第五，教育党员，在大雪封门的时候，到群众中去，和他们同甘共苦。"

一心扑在国家事业上

1962 年冬，焦裕禄怀着改变灾区面貌的雄心壮志，来到了兰考。

焦裕禄没想到的是，展现在他面前的兰考大地是一幅严重的灾荒景象，简直是惨不忍睹。他看到横贯全境的两条黄河故道，是一望无际的黄沙，一片片白茫茫的盐碱地上，能够看到一些枯草在寒风中摇来摇去。

这一年，春天时风沙摧毁了20万亩麦子，秋天时风沙淹没了30万亩庄稼，而盐碱地上则有10万亩禾苗被碱烧死了，这种流沙灾难让全县的粮食产量下降到历史的最低水平。

针对这种艰难，焦裕禄感慨地说："感谢党把我派到最困难的地方，越是困难的地方，越能锻炼人。请组织上放心，不改变兰考的面貌，我决不离开这里。"后来，焦裕禄又经过一系列的调查，他说："兰考的贫下中农是革命的，他们有改变家乡面貌的强烈要求，就像在1080平方公里的土地上布满干柴一样，只要崩出一个火星，就可以引起熊熊烈火。"

兰考实际上是一个老灾区。当时，整个县上的工作有一大部分都放在救灾上。但是，救灾哪有那么容易，当时县里很多干部被灾害压住了头，他们对这种严重的灾害缺乏信心。焦裕禄在了解到这些以后想：是依靠群众，自力更生，改变灾区面貌，还是两手向上，依赖救济呢？

面对这种情况，焦裕禄感到：要改变兰考面貌，干部是关键。如果领导班子都灰心了，挺不起腰杆，那么群众的积极性再高也无济于事，根本就得不到充分发挥。

1963年元月，焦裕禄要求各级领导同志要带头到困难村去，积极与基层干部同甘苦、共患难，为改变灾区面貌做贡献。同时，要为基层干部做榜样，贴近群众，绝对不离开灾区。

在一个风雪交加的夜晚，焦裕禄召集在家的县委委员开会。人们到齐后，他没来得及说什么就领着大家到火车站去了。然后焦裕禄面色沉重地指着那些等待救助的人说："他们绝大多数人都是我们的阶级兄弟，是灾荒逼迫他们背井离乡的，不能责怪他们，我们有责任。党把这个县36万群众交给我们，我们不能领导他们战胜灾荒，应该感到羞耻和痛心……"

说到这里焦裕禄再也讲不下去了，同行的县委领导心里也都不是滋味，纷纷低下了头，但他们心里却被焦裕禄点拨得豁然开朗，他们明白了焦裕禄的意思。可以说，这是一次最实际、最生动的思想教育课。回到县委后，焦裕禄同志又组织大家学习《为人民服务》《纪念白求恩》《愚公移山》等文章，以此激励大家努力工作。

后来，在焦裕禄的带领下，兰考进行了轰轰烈烈的群众性的除“三害”斗争，通过一年的艰苦奋战，兰考的除“三害”工作取得了明显的成效。

焦裕禄吃过苦，受过穷，后来好不容易盼到了新中国成立，国家改天换地，人们开始共同创建家园，是何等欣欣向荣的景象。然而，国家事业并不是轻易就能做好的，旧的问题虽然走了，但是新的问题接踵而至。兰考这个地方流沙灾害严重，焦裕禄不辞辛苦，一心为救灾做贡献。他激励领导班子发挥带头作用，与群众一同努力，最终取得了很大成果，有效遏制了土地荒漠化。

第六节　张海迪
——身残志坚，希望给人间留下更多光辉

张海迪，女，汉族，1955 年 9 月出生，山东省威海市文登市人。她于 1981 年 8 月参加工作，1982 年 12 月加入中国共产党，吉林大

学哲学系哲学专业毕业，在职研究生学历，哲学硕士学位，德国巴伐利亚州班贝格国际艺术家之家访问学者，英国约克大学荣誉博士。现任第十二届全国政协常委，中国残联第六届主席团主席。

自学成才的“小神医”

张海迪在5岁时因不幸患上脊髓血管瘤而导致高位截瘫。这样的疾病对任何人来说都是极其残酷的，她此后不得不接受命运的挑战。在残酷的现实下，她并没有沮丧和沉沦，反而，她以顽强的毅力与恒心，不停地在和疾病做斗争。

张海迪跟着父母到农村生活过。在农村生活的这段时间里，她经常为他人着想，还喜欢帮助别人做事。她得知小学校里缺音乐教师，就主动请缨到学校担任音乐老师，教学生们唱歌。在课余时间，还帮助学生组织自学小组。此外，她还给学生理过发、补过衣服等。

张海迪知道村里缺医少药时就决心学习医疗常识以及相关医学技术，帮助更多的人。她用自己的零花钱买了很多医学书，还买了一些体温表、听诊器以及常用药物等，简直就是一个小医生的模样。她先后读完了《针灸学》《人体解剖学》《内科学》《实用儿科学》等医学书籍，然后开始实践。

在学习针灸时，为了能够清晰体验针感，她就在自己身上练习扎针。因为她非常用心学习，所以短短的几年时间，她竟然真的成了当地的“名医”。在那里，只要有人过来找她看病，她绝对会热情接待。如果有的病人是重病号，行动不便的话，她就坐着轮椅亲自上门给病人扎针、送药。

在她的病人中，有一位老大爷患脑血栓后遗症，有将近6

年时间都不能说话，同时也瘫痪了好几年，一直没有得到有效治疗。张海迪就一方面对这位大爷进行精神鼓励，一方面翻阅大量相关书籍，极为精心地为大爷治疗。后来，功夫不负有心人，这位大爷还真的能说话了，后来也能走路了。

张海迪经常说这样一句话：“我像颗流星，要把光留给人间。”而她也正是一直怀揣着这样的理想而努力奋斗的。她以坚强的毅力在学习和工作，唱出了一首生命的赞歌。张海迪还说：“活着，就要为人民做事。”没错，她是这样说的也确实是这样做的。

体验生命强者的角色

张海迪是一个能够勇敢经受严峻的考验的人，即使重病缠身，她仍然对人生充满了信心。即使她没有走进校门学习的机会，但自己却十分发奋地学习。先是将小学的课程全部学完，后来又将中学课程全部学完。此外，她还自学了大学英语、德语以及日语，后来又通过努力成功考取了大学以及硕士研究生的学位。

张海迪从 1983 年开始了文学创作之路。在创作中，她讲求精益求精，丝毫不给自己找可以懈怠的借口，执着地为文学而战。后来，因为她外语能力十分优秀，还先后翻译了《海边诊所》《丽贝卡在新学校》《小米勒旅行记》《莫多克——一头大象的真实故事》等数十万字的英语小说，还出版了长篇小说《轮椅上的梦》《绝顶》。

张海迪从 1983 年开始创作和翻译的工作，其作品字数超过了 100 万字。

1991 年张海迪在做过癌症手术后，继续以不屈的精神与命运抗争，她开始学习哲学专业研究生课程。经过不懈的努力她写出了论文《文化哲学视野里的残疾人问题》。1993 年，她在吉林大学哲学系通过了研究生课程考试，并通过了论文答辩，被授予硕士学位。张海迪以自身的勇气证实着生命的力量，正像她所说的：“像所有矢志不渝的人一样，我把艰苦的探询本身当作真正的幸福。”她以克服自身障碍的精神为残疾人进入知识的海洋开拓了一条道路。

张海迪多年来还做了大量的社会工作，她以自己的演讲和歌声鼓舞无数青少年奋发向上。她也经常去福利院、特教学校、残疾人家庭，看望孤寡老人和残疾儿童，给他们送去礼物和温暖。她还积极参加残疾人事业的各项工作和活动，呼吁全社会都来支持残疾人事业，关心帮助残疾人，激励残疾人自强自立，为残疾人事业的发展做出了突出的贡献。

张海迪长期担任中国残疾人福利基金会理事，中国残疾人联合会主席团委员，山东省残疾人联合会副主席，山东省青年联合会副主席等职务。张海迪在本职岗位和社会工作中自强不息，以满腔的热忱和高尚的品格服务社会，奉献人民，在广大人民群众中有很高的声誉和威望，是一个经得起时间考验的好典型。她是中国青年的骄傲，也是中国残疾人的杰出代表。

第7章

一往无前：努力一生是为了造福全人类

在人类文明社会里，总是会有一些拥有大智慧的科学前驱者，他们在诸多的领域里都有所建树，并且总是对充满神秘色彩的大自然尝试着做出一些新的解释。他们不断提出科学主张，并为国家乃至全人类的发展做出伟大贡献。

第一节　亚里士多德
——不懈努力，伟大成就见于诸多领域

亚里士多德（公元前384年～公元前322年），古希腊斯吉塔拉人，世界古代史上最伟大的哲学家、科学家和教育家之一，堪称希腊哲学的集大成者。他是柏拉图的学生，亚历山大大帝的老师。公元前335年，他在雅典办了一所叫吕克昂的学校，被称为逍遥学派。马克思曾称亚里士多德是古希腊哲学家中最博学的人物，恩格斯称他是古代的黑格尔。作为一位最伟大的、百科全书式的科学家，他对哲学的发展做出了贡献。他的写作涉及伦理学、形而上学、心理学、经济学、神学、政治学、修辞学、自然科学、教育学、诗歌等领域。

从小学习刻苦，涉猎广泛

公元前320年，在雅典城的郊外，人们经常能够看到一位大约60岁的老人，在他的身边，总是有10多位青年陪伴着。他们是那么的引人注意，因为他们经常一起在树林中边漫步边交谈，逍遥极了。有时候，他们走累了，就会坐在山谷溪旁的大石块上，继续热烈地讨论他们喜欢的话题。

一个同学问道："老师，您再讲讲'三段论'大前提、小前提、结论……"

这位老人不紧不慢地捋了捋胡须，然后语速很缓慢地说道："我们希腊人有个很有意思的谚语：倘若你的钱包在你的口袋里，而你的钱又在你的钱包里，那么，你的钱肯定在你的口袋里，这不正是一个非常完整的'三段论'吗……"

这个德高望重的老人，就是雅典人都知道的亚里士多德。而这样悠闲自在的漫步谈话，实则是亚里士多德正在给他吕克昂学园高级班的学生上课。

亚里士多德的家庭还是很显赫的，他的父亲是马其顿王国的宫廷医生，从他 17 岁起，父亲就把他送到当时非常著名的柏拉图学园进行学习，亚里士多德在这所学园里学习时间长达 20 年。

他因为勤奋刻苦，再加上涉猎广泛，当时非常受老师柏拉图器重。但是，柏拉图对亚里士多德的教育也很特别，他说："要给亚里士多德戴上缰绳。"意思是亚里士多德是个特别聪明的人，他思维极其敏捷，和一般人不一样，所以，倘若管教不严的话，肯定就成为不了柏拉图所期望的人了。

依赖教育，但绝对不盲从

亚里士多德十分尊敬他的老师柏拉图。但是在很多问题上，他还是愿意持自己的独特见解。他曾说过："我爱我的老师，但是我更爱真理。"可见，他虽然尊重老师，但并不盲从。他希望得到真理，是个很客观理性的人。

在学园里，亚里士多德经常因为和老师柏拉图的理念不同而产生争论，有时候甚至会把老师问得一时间回答不上来。在他看来，柏拉图把“真实存在”看成是“人的理念”的唯心观点是不正确的。他曾经提出这样的问题：“树就是树，由种子长成，结出果实。离开实实在在的树，仅仅是头脑中的树的概念又有什么意义呢？”

到最后，当亚里士多德更具影响力后，他最终否定了老师柏拉图的很多唯心论的观点。他认为：客观存在的物质世界是永恒的，不是靠什么观念产生的。是先有了现实生活中的各种三角形状的东西，然后在人们头脑中才有三角形的观念。代数和几何的定律是从自然现象中抽象出来的……生命和世界都在运动，没有运动就没有时间、空间和物质。

这些都具有一定的辩证法观点。但遗憾的是，虽然亚里士多德坚信着客观物质世界的永恒，但是对很多现象仍旧解释不了。有时候，他还是需要将老师一些唯心论的观点拿出来应对。所以时常出现自相矛盾的情况。

由于对客观世界的认知有限，所以亚里士多德不得不在唯物论和唯心论这两种观点中摇来摆去。后来，老师柏拉图去世，亚里士多德这才离开学园，去了马其顿王国给王太子亚历山大当起了老师。后来，亚历山大继承王位，亚里士多德离开王国到雅典兴办学校。

他的教育方式在当时算是较为特殊的，因为他提倡“智育、德育、体育”三方面的教育，还划分了年级。他主张：7岁～14岁的儿童，国家应该为他们办小学，让他们学习体操、语文、算术、图画和唱歌；对于14岁～21岁的青少年，国家应该为他们办中学，教他们历史、数学和哲学。

对于体育这个学科，他是这样解释的：每个人都需拥有强健的体魄，而德育的目的是培养自尊心和勇敢豪放的性格。并且，对于那些在中学已经毕业的青年们，如果十分优秀，还会继续培养。所以，他所兴办的吕克昂学园是古希腊科学发展的主要中心之一。

在人类文明的早期，经常会有一些拥有大智慧的人，他们在很多领域里都有所建树，并且对充满神秘色彩的大自然总是会尝试着做出一些新的解释，希望唤醒身处半蒙昧状态中的人们。亚里士多德就是其中之一。在亚里士多德 50 岁以后，他开始著书立说，成为一名孜孜不倦的写作者，他的一生自称写了 150 本著作，但是流传下来的只有 30 本左右。他的著作涉及许多领域，比如天文学、气象学、哲学，还有生物学。

第二节　培根
——酷爱自然科学且奉献出卓著成就

弗朗西斯·培根（1561 年～ 1626 年）出生于伦敦的一个官宦世家，他的父亲名为尼古拉 · 培根，是伊丽莎白女王的掌玺大臣，曾在剑桥大学攻读法律，他思想倾向进步，信奉英国国教，反对教皇干涉英国内政；母亲安妮 · 培根是一位颇有名气的才女，她精通希腊文和拉丁文，是加尔文教派的信徒。良好的家庭教育使培根各方面都表现出异乎寻常的才智。培根是除旧立新的思想革新者，他对经院哲学的科学观和传统逻辑思维方式的批判，为自然科学的发展扫清了障碍。

要走一条全新的探索之路

培根在12岁时被送入剑桥大学三一学院学习，在大学学习的这段时间，新知识的不断摄入让他对传统观念和信仰产生了质疑，而后逐渐开始独自思考社会以及参悟人生的真谛。在大学3年时间后，培根担任了英国驻法大使的随员一职，然后有机会前往法国巴黎旅居。

即使在巴黎仅仅两年半的时间，他却将整个法国都走遍了。在法国，他逐渐接触到很多从未见识过的新事物，许多新的思想也被传入大脑中，丰富了他的思维，并且对其世界观的转变产生了极大的影响。

1579年，因为父亲突然病逝，生活费用没有人供给了，培根不得不返回伦敦。因为生活走入了贫困境地，所以他不得不在回国奔丧之后，开始了半工半读的学习生涯。他先进入了葛雷法院攻读法律，然后开始四处谋职。

培根在21岁时成功获得了律师资格，这时候的他已经在思想上变得更成熟了。经过反复思量，他最终决定要走一条全新的探索之路——他决心把脱离实际，脱离自然的一切知识加以改革，并且把经验和实践引入认识论。

这是他“复兴科学”的伟大抱负，也是他为之奋斗一生的志向。

培根当时认为，眼下的学术传统其实是很贫乏的，原因在于学术与经验失去联系。他觉得科学理论与科学技术只有相辅相成才能达到很好的效果。他在早期曾经特意列出一张他认为值得研究的130个课题以及课题操作方法的详单，然后希望詹姆斯一世做主，下达命令搜集这些知识。即使这样，他也不过只得到很有限的一些资料。

在这个基础上，培根还提出了关于科学的一系列看法和主张，如“热的本质是运动，因为有热的情况出现时总有运动存在”。他还认为：产生可感觉到的热效应的原因是现象下面的物体微粒的运动，这种运动具有原子的特性。

近代自然科学的鸣锣开道者

人们完全可以说弗朗西斯·培根是一位真正的现代哲学家。他的整个世界观是现世的而不是宗教的（虽然他坚信上帝）。他是一位理性主义者而不是迷信的崇拜者，是一位经验论者而不是诡辩学者。在政治上，他是一位现实主义者而不是理论家。他那渊博的学识连同精彩的文笔与科学和技术相共鸣。

在 13 世纪中期，培根因为看到很多人都因为视力不好而不能够将书上的字看清楚，所以他就希望发明一种能够帮助人们提高视力的工具。为此，他努力想了特别多的办法，还亲自做了很多试验，只是很遗憾，他都没有取得成功。

一天雨后，培根趁着空气新鲜来到花园里散步，他无意中看到一张蜘蛛网上沾着很多雨珠，而在他透过雨珠观看树叶时，惊喜地发现树叶的叶脉放大了很多，甚至连树叶上细细的毛都可以清晰地看到。这个发现实在太令他高兴了。

之后培根赶忙回到家中，他急忙翻箱倒柜，然后找出一颗玻璃球，他拿着玻璃球看了又看，然后透过玻璃球来看书上的文字，但是，依旧是模糊不清的。后来，他又找到一块金刚石，又拿来一把锤子，他将玻璃割出一块，再将这块玻璃靠近书去观看，果然，文字真的被放大了。

他的试验成功了！培根为此真是欣喜若狂了好一阵子。后来，他又找来一块木片，挖出一个圆洞后将玻璃球片装上去，一侧再安上一根柄，这样手里拿着它就能方便人们阅读了。

可以说，培根是近代自然科学的鸣锣开道者。他最早表达了近代科学观，阐述了科学的目的、性质，发展科学的正确途径，首次总结出科学实验的经验方法——归纳法，对近代科学发展起到指导作用。

第三节　布鲁诺
——成为捍卫真理的无畏殉道者

乔尔丹诺．布鲁诺，意大利思想家、自然科学家、哲学家和文学家。他勇敢捍卫和发展了哥白尼的太阳中心说，并把它传遍欧洲，被世人誉为是反教会、反经院哲学的无畏战士，是捍卫真理的殉道者。由于批判经院哲学和神学，反对地心说，宣传日心说和宇宙观、宗教哲学，1592年被捕入狱，最后被宗教裁判所判为“异端”烧死在罗马鲜花广场。主要著作有《论无限宇宙和世界》《诺亚方舟》。

为坚持真理而颠沛流离

布鲁诺于1548年出生在意大利那不勒斯附近诺拉城一个没落的小贵族家庭。在他十几岁时，被父母送到那不勒斯的一所私立人文主义学校就读。在这所学校里，布鲁诺开始了为期 6 年的学习生活。到了 1565 年，布鲁诺因为拥有强烈的求知欲，但是当时的学校已经不能满足他了，所以在他的要求下，父母又将他送入了多米尼克僧团的修道院，进入修道院的第二年，布鲁诺的身份正式转为僧侣。

在修道院学校里，布鲁诺攻读的是神学这一学科。与此同时，他还开始钻研古希腊罗马语言文学和东方哲学，并且学习十分刻苦。10 年以后，布鲁诺如愿拿下了神学博士学位，同时还得到了神甫这个重要的教职。

布鲁诺学习神学时，他不只是在修道院学校里学习，还时常主动去参加当时的一些社会活动，积极与那些人文主义者进行密切交往。当时的社会大背景也很有特点，人们严重受人文主义思潮的影响。那时，布鲁诺利用各种手段得到并阅读了很多禁书。这些书籍当中，对他影响最大的就是哥白尼的《天体运行论》和当代著名哲学家特列佐的著作。

在看完哥白尼的学说后，他深深被其吸引，而后开始对自然科学发生了浓厚的兴趣，并且逐渐开始对他一直都学习着的宗教神学产生了怀疑。在新学说的影响下，他不得不对经院哲学家们所宣传的教义持否定态度，甚至还亲自写了一些批判《圣经》的论文。因为从内心对基督教圣徒产生厌恶，他的日常行为也出现了变化，和以前大不一样。

因此，没过多久布鲁诺就因为不恰当的言行而触怒了教廷，教廷为了以儆效尤，将他革除了教籍，那些宗教裁判还给予他“异端"的标签。

即使这样，布鲁诺依然坚决坚持自己的观点，不为任何人所动摇。后来，他为了逃避审判主动离开了修道院，向罗马逃去，之后又辗转到了威尼斯。因为宗教法庭网络很大，蔓延面很广，所以几乎到处都在通缉他，布鲁诺在意大利曾经一度没有一块立足的地方。

布鲁诺开始了一段为期多年的逃亡生涯。

1578 年，他越过海拔 4000 米高的阿尔卑斯山流亡瑞士。在日内瓦时期，因为他激烈反对加尔文教派遭到了逮捕和监禁。第二年他获释，又到法国南部重镇土鲁斯，在当地一所大学任教。但是，牢狱的经历并没有让他闭上嘴巴，在一次辩论会上，他因为发表了在当时来说极为新奇大胆的言论，言论极为犀利地抨击了传统看法，从而引起了该校一部分教授和学生的反对，他不得不离开了土鲁斯。

1581 年，布鲁诺来到巴黎，在巴黎大学宣传唯物主义和新的天文学观点，遭到法国天主教和加尔文教的围攻。1583 年，他离开巴黎逃往伦敦。这个时期，是他思想完全成熟和创作高峰的年代。

这些年他发表了许多用意大利文写的作品：如《灰堆上的华宴》《驱逐趾高气扬的野兽》《论原因、本原与太一》《飞马和野驴的秘密》《论无限、宇宙与众世界》《论英雄热情》等。

这些著作结构严谨、语言丰富生动、论述犀利泼辣，从中清晰可见当时哲学论战之尖锐激烈，也体现出了布鲁诺宣传新思想的满腔热情。

布鲁诺是“思想自由”的代表性人物，他积极鼓励 19 世纪欧洲的自由运动，因此成为西方思想史上重要人物之一。他的一生始终很波折，虽然敢于阐述自己的思想，但是当时的人们思想还很守旧，根本接受不了他的言论。所以他一直被人们看成是与“异端”，并为此过着颠沛流离的逃亡生活。

走向生命的终点

有一次，布鲁诺参与牛津大学的一次辩论会，在会上，他坚持捍卫哥白尼的太阳中心说，同时为了论证自己的观点，还激烈批判了托勒密的“地心说”。要知道，托勒密的“地心说”是一直被教会奉为神圣不可侵犯的学说，他这么做无异于惹祸上身。

为此，他在会上和经院哲学家门展开了激烈的论战，大家都认为他言语太有失妥当，最后被学校禁止讲课。1585 年，布鲁诺返回巴黎。第二年的春天，他又参加了一个辩论会，这次是在巴黎最古老的著名学府索尔蓬纳，这是一次大规模的辩论会，在演说中，他再一次向人们论证了他的宇宙观。

因为他反对被教会一直以来都奉为“绝对权威”的亚里士多德和托勒密的学说，所以最终他不被人们容忍，再次被驱逐出法国。离开法国后，布鲁诺又去了德国、捷克，继续进行讲学，在外面一漂泊就是 6 年时间。后来，在他居住在法兰克福的那段期间，他发表了三部用拉丁文撰写的著作，就是著名的《论三种极小和限度》《论单子、数和形》和《论无量和无数》。

因为布鲁诺在欧洲总是尽力宣传他的新宇宙观，并且宣传范围也很广泛，所以引起了罗马宗教裁判所的恐惧和仇恨，他们视布鲁诺为眼中钉，肉中刺，急于将他拔出。1592 年，罗马教徒开始行动，将布鲁诺诱骗回国，在布鲁诺刚回国后就将他逮捕了。刽子手们用尽种种刑罚仍无法令布鲁诺屈服。

他说：“高加索的冰川，也不会冷却我心头的火焰，即使像塞尔维特那样被烧死也不反悔。”他还说：“为真理而斗争是人生最大的乐趣。”最后，布鲁诺经过了残酷的、为期8年折磨后，最终被处以火刑。1600年2月17日凌晨，罗马塔楼上的悲壮钟声划破夜空，传进千家万户。这是施行火刑的信号。刽子手用木塞堵上了他的嘴，然后点燃了烈火。布鲁诺在熊熊烈火中英勇就义。

当时，群众就站在通往鲜花广场的街道上，布鲁诺被绑在广场中央的火刑柱上，他向围观的人们庄严地宣布：“黑暗即将过去，黎明即将来临，真理终将战胜邪恶！”最后，他高呼：“火，不能征服我，未来的世界会了解我，会知道我的价值。”

布鲁诺敢于提出真理，即使这个真理被大多数人质疑。他坚决支持哥白尼日心说，发展了“宇宙无限说”，这些思想在当时的社会大环境中显得那么格格不入，也将他推向了风口浪尖。所以，他常常被人们看作是近代科学兴起的先驱者，是捍卫科学真理并为此献身的殉道士。人们也常常将处死他的宗教裁判所代表的宗教势力与他所支持的哥白尼学说所代表的科学，看作是一对存在着尖锐冲突的对立物。

第四节　徐光启
——艰难行走，成为中西文化交流的先驱

徐光启（1562年～1633年），字子先，号玄扈，教名保禄，汉族，

松江府上海县人，中国明末数学家、科学家、农学家、政治家、军事家，官至礼部尚书、文渊阁大学士。赠太子太保、少保，谥文定。徐光启也是中西文化交流的先驱之一，是上海地区最早的天主教徒，被称为“圣教三柱石”之首。从徐光启的“第一”，到近代史上轰轰烈烈的“洋务运动”，经历了漫长的两百多年。

读万卷书，行万里路

徐光启从小就聪明好学，性格活泼，身体矫健，别人都觉得他是个小“机灵鬼”。当然，当时人们对他最为关注的要属他“章句、帖括、声律、书法均臻佳妙”。1581 年徐光启中秀才，“便以天下为己任。为文钩深抉奇，意义自畅”，他曾说过：“文宜得气之先，造理之极，方足炳辉千古”。这时候的他，已经从以前人们口中的“神童”过渡到了“才子”。

考中秀才以后，徐光启开始了教书生涯，最早在家乡教书，后来又到广东、广西教书。他利用白天时间给学生们上课，到了晚上，他就开始阅读古代的农书，他涉猎的书籍范围很广泛，同时钻研农业生产技术。

因为农业生产和天文历法、水利工程等方面有密切联系，而不管是天文历法还是水利工程，要想研究下去必须要懂得数学知识，所以，他又开始进一步博览古代的天文历法、水利以及数学著作。

徐光启在家乡教书时，又赶上了连年的自然灾害，他那时想考取举人，但是屡试不中，所以那段时间不管是身体上还是精神上都十分痛苦。后来直到 36 岁才中举人。

1604 年徐光启考中了进士，此后开始正式步入仕途。从考取秀才到考取进士，他花了 23 年的时间。

然而，徐光启在这23年时间里，长期坚持苦读，然后体会着“破万卷书、行万里路”。他主张禅静顿悟，反对经世致用，实为误国害民。

徐光启思想上的如此转变，使他的后半生走上了积极主张经世致用、崇尚实学的道路。徐光启是明学术界、思想界兴起的实学思潮中的一位有力的鼓吹者、推动者。

有人记述徐光启当时的变化说：“尝学声律、工楷隶，及是悉弃去，习天文、兵法、屯、盐、水利诸策，旁及工艺数学，务可施用于世者。”还有人记述说“公初筮仕入馆职，即身任天下，讲求治道，博极群书，要诸体用。诗赋书法，素所善也，既谓雕虫不足学，悉屏不为，专以神明治历律兵农，穷天人指趣。”

徐光启在考中进士后开始担任要职，为翰林院庶吉士，之后开始在北京定居。他在馆所撰课艺，作品有《拟上安边御敌疏》《处置宗禄边饷议》《拟缓举三殿及朝门工程疏》《漕河议》等，这些作品不仅表现了徐光启忧国忧民的思想，更体现出他渊博的知识以及治国安邦的谋略。

努力将西方先进知识引进来

意大利的耶稣会传教士利玛窦后来与徐光启结识，结识的第二年他也来到北京。利玛窦向皇帝明神宗贡献礼品，最后经过明神宗的批准，他在宣武门外有了一处住宅，从此长期住了下来，主要进行耶稣会传教的活动。

徐光启在工作之余经常去拜访利玛窦，一来二去两人慢慢熟悉起来了，之后还建立深厚的友谊。

徐光启在 1606 年第二次请求利玛窦，希望他能够为自己传授西方的科学知识，利玛窦听到后非常爽快地答应了。利玛窦用公元前 3 世纪左右希腊数学家欧几里得的著作——《原本》做教材，开始向徐光启讲授西方的数学理论。具利玛窦两天给徐光启讲授一次，每一次徐光启都准时上课。

一段时间后，徐光启对欧几里得这部著作的内容了然于心。徐光启深深地为这本著作表明的基本理论和逻辑推理所折服，也由此想到了书中提及的知识正是我国古代数学欠缺的地方。

徐光启从 1606 年的冬天开始进行紧张的翻译工作。当然，这项工作也离不开利玛窦的帮助。翻译时，利玛窦先用中文一字一句地进行口头翻译，然后徐光启进行草录。等译完一段后，徐光启再将草录内容逐字斟酌，再进行一番推敲和修改，尽量将其完善。最后利玛窦再对照原著进行核对。

如果徐光启有译得不很贴切的地方，利玛窦就再一次将原著给徐光启仔细讲述一遍，然后让徐光启进行修改。徐光启在翻译过程中十分认真，每每都会译到深夜，就连利玛窦休息了，他都不睡，而是一个人坐在灯下继续加工、修改译稿。

有的时候，徐光启为了将一个译名确定好，通常要不断地推敲和琢磨，总是一忙就忘记了时间，然后天就亮了……如译文中体现的诸如“三角形”、“平行线”、“对角”、“相似”“直角”、“钝角”、“锐角”等这些中文名词术语，都是经过徐光启反复推敲，精心确定下来的。

到 1607 年的春天，徐光启和利玛窦协同合作，已经译出了《原本》这部著作的前六卷。徐光启本想着要一鼓作气，努力在年内完成后九卷的翻译工作，但是，利玛窦提出来最好先将前六卷译好后进行出版，看看反映。徐光启表示赞同。在付印之前，他又一个人将译稿加工、润色了3遍，尽最大可能把稿子翻译得准确些。

最后，徐光启和利玛窦商议，最终敲定书名为《几何原本》。遗憾的是，后来他们没能协作将后九卷翻译出来。但徐光启又陆续写了很多其他的科学著作。

1610年，徐光启守制期满，开始回京复职，除了因为差办一些临时性的事情之外，就一直担任较为闲散的翰林院检讨。徐光启不像当时一般文人官吏那样，非常热衷于笔墨应酬，而是将大量时间用在天文、农学、算法、水利等科学技术研究方面，还亲自翻译了许多这方面的书籍。

后来，徐光启还为李之藻与利玛窦合译的《同文算指》、熊三拔编著的介绍天文仪器的《简平仪说》等书写了序言。这些序言，充分表达了他对传入的西方科技知识的看法。向传教士学习科技知识的同时，徐光启对他们的传教活动也进行了协助，帮他们刊刻宗教书籍，对传教士的活动也有所庇护。

确切地说，和当时的士大夫相比，徐光启所走的路是一条不同寻常的路。“抬着棺材劝说昏君”，不沉迷于浅吟低唱，而是踏实地致力于引进先进的科学技术，即使在当时，数学这一学科被人看成是不入流的“术数”，但他依然为此尽职尽责。要知道，徐光启是个宰相官位，而他所做的事情似乎和宰相身份是不相宜的。

第五节　李善兰
——用 13 年时间为国家培养科学人才

李善兰（1811 年～ 1882 年），原名李心兰，字竟芳，号秋纫，别号壬叔。出身于读书世家，是近代著名的数学、天文学、力学和植物学家，创立了二次平方根的幂级数展开式，各种三角函数、反三角函数和对数函数的幂级数展开式，这是李善兰也是 19 世纪中国数学界最重大的成就。

沟通中西科学的先行者

在李善兰 30 岁的时候，鸦片战争爆发，英法殖民主义者疯狂地对我国进行侵略。1842 年 5 月 18 日，英国侵略军攻占江、浙两省海防重镇乍浦。因为乍浦这个地方和李善兰的家乡海宁距离不到 100 里，因此，李善兰很快就听说英国侵略军的种种暴行以及清朝投降派人物的不抵抗行为。

有一天，李善兰的一个来自乍浦的朋友前来拜访他，两人刚刚在厅室落座，那位朋友就说："那些英国侵略军实在太可恶了！他们在攻占我的家乡乍浦以后，简直就是兽性大发，他们无恶不作，四处放火，作奸犯科。现在乍浦的道路上堆满了尸体，海域河里也都是浮尸。”

李善兰问：“我们的军队呢？难道没有军队抵抗吗？”

朋友答：“善兰兄，你不知道呀！事实行我们的士兵各个都很勇敢，最开始也和敌人们拼死搏斗过，有好几次都将敌人打退了。但后来，上头传下了硬要士兵撤退的命令，再加上少数将领出现了带头逃跑的情况，我军就这样溃败，现在人民也都跟着遭殃。”

李善兰听完愤愤地说：“将领带头逃跑，太可恨了！”

朋友又说：“听说英国侵略军入侵乍浦的那一天，有一个都统闻讯逃跑，士兵溃散。可他的女儿有大志，不跟父亲当逃兵，坚守家中。当敌人冲进家门以后，她就投井自尽了。真了不起！”

李善兰道：“应该为这个烈女树碑立传！我们的将领如果都这样有骨气，英国侵略军就占领不了我们的一寸土地。如果都像林则徐那样就好了。可惜他被投降派诬告下了台。看来，投降派、汉奸、逃兵，这三个东西是连在一起的。”

后来，李善兰亲自来到了被蹂躏得惨不忍睹的乍浦，亲眼看到了侵略者的暴行，他心中感慨万千，甚不平静。于是，他写了《乍浦行》《汉奸谣》《刘烈女诗》等诗篇，抒发了他的情怀，同时鞭挞了投降派。

外国列强对我国的侵略暴行，让李善兰极为愤慨。他想：中国如果不想受人欺侮，就必须要发展科学技术，首先，中国需要主动学习西方的科学技术，将别人的长处拿过来变成自己的长处。只有国家富强了，才能不被人欺侮。

后来，李善兰在“科学救国”思想的影响下来到上海，他希望能够找到救国的良方妙药。

在上海，他遇到一位英国传教士——汉学家的伟烈亚力，他精通天文和数学，并且读了大量中文书籍，能说一口流利的中国话。他读了李善兰的《对数探源》后深感钦佩，所以很希望能和李善兰交朋友。

经朋友的介绍，他们终于见了面。两个人一见如故，说话也非常投机。李善兰当时将他的夙愿告诉了伟烈亚力，他说："我十五岁时，曾经读过利玛窦、徐光启合译的《几何原本》前六卷，觉得这部书很好，很有用。可惜没有译完。我想，后九卷一定更深奥，想研究它，可没有书。"伟烈亚力则说："你对《几何原本》这么感兴趣，那太好了。我有这本书的后九卷，你可以把它译成中文，使它成为一部完整的中文译本。"

李善兰听后很惊喜，但他不懂英文，于是犯了难，但是伟烈亚力表示自己愿意和李善兰合作，这部间断了 200 多年的书，就这样被他们二人接上了。

从此，李善兰每天都按时到伟烈亚力的处所，和他一同翻译《几何原本》后九卷。李善兰工作时精益求精，极为细致，让伟烈亚力感到惊叹，也对李善兰提出了高度的赞扬。在翻译过程中，李善兰经常因为某个名词或是某句话而苦思好几日，以求找到最准确的表达。

经过 4 年的艰苦努力，他们二人终于将后九卷译完。从此欧几里得的《几何原本》在中国有了完整的译本。译本完成后，伟烈亚力高兴地说："西欧各国以后要想得到《几何原本》的善本，必须到中国来找！"鸦片战争爆发，李善兰认识到帝国主义列强入侵中国的残酷现实，同时激发了他想要"科学救国"的思想。他说："呜呼！今欧罗巴各国日益强盛，为中国边患。推原其故，制器精也，推原制器之精，算学明也。"

之后李善兰还和一些英国科学家合译了物理学、天文学、生物学的诸多著作。他所翻译的书籍，内容极其准确，且用词十分简练，直到今日，很多专用名词依旧在沿用，如“细胞”“子房”“胚胎”等。他不愧是沟通中西科学的先行者。

竭力用知识武装下一代

同文馆是当时中国最高的学馆。因为有著名的洋务派官员郭嵩焘的推荐，李善兰在57岁那年如愿到北京担任同文馆天文算学总教习。之后的13年时间里，他未曾离开过，而是一门心思地扑在了教学上。

可以说，李善兰是近代第一个数学教授，在他的努力培养下，出了很多有能力的弟子。这些弟子当中，有一些日后成为颇有成就的专家。李善兰的晚年，因为肥胖过度，导致心力日衰，走起路来有些艰难，所以需要有人搀扶才可以。可即使这样，他仍然不顾病痛，坚持给学生们上课，同时还进行撰写著作的工作。

有一天，李善兰在熊方伯等3位同学的搀扶下，缓慢走上讲台，然后开始为学生们讲课，讲课时，他的声音非常沙哑。在上数学课时，他需要边讲边为同学画示意图。正当他想站起来转身去画图时，因为腿脚不灵便，一下跌倒在讲台上。同学们看到此景吓坏了，赶忙将他扶起来，纷纷询问受伤没有。

李善兰说：“不碍事。大家坐好，我继续讲。”

同学们不放心老师，纷纷说：“先生，您身体不好，先休息一会儿吧！”

李善兰说：“不碍事。不能因为这点小事耽误了大家的宝贵时间。”

这时候熊方伯走上讲台，跟李善兰表示要帮助他画，李善兰无可奈何地答应了，就让他帮忙画了几个。之后，因为李善兰不想因为个人原因影响同学的学习，就事先在几张大纸上把课上要用的图画好，然后上课前让同学们挂在黑板上。同学们见了，深受感动。

随着年纪越来越大，李善兰身体越来越不好，到后来已经无法给学生们上课了，他就在家里写书。1882 年夏天，几个学生因为想念他而去家里看望他。就见他正坐在床上，一边写《级数勾股》，一边擦汗，很是费劲。同学们见到此景就劝他：“李老师，天这么热，你就休息休息吧，不要苦干了。”李善兰则说：“我的时间不多了，必须抢时间，要在短时间内把我已经想好的东西写完。不然，装在脑瓜里的东西被埋到地下，怪可惜的。”

同学们听他这么说，都哭了……

1882 年 12 月 9 日，李善兰去世了。他在数学上取得的非凡成就使他成为近代公认的最杰出的数学家。这些成就包括：独创了“尖锥术”，建立了“对数论”，提出了有名的“李善兰恒等式”等。

第六节　徐寿
——毕生精力用在引进和传授科学知识上

徐寿（1818 年～ 1884 年）字雪邨，号生元，江苏无锡北乡人。出生在无锡市郊外一个没落的地主家庭。5 岁时父亲病故，靠母亲抚养长大成人。在他 17 岁时，母亲又去世。幼年失父、家境清贫的生活使他养成了吃苦耐劳、诚实朴素的品质。徐寿一生先后在安庆、南京军械所主持蒸汽轮船的设计研制，成绩显著。在晚年，徐寿仍将自己的全部心血倾注于译书、科学教育及科学宣传普及事业上。纵观他的一生，不图科举功名，不求显官厚禄，勤勤恳恳地致力于引进和传播国外先进的科学技术，对我国近代科学技术的发展做出了不朽的贡献。

自学，是一个不断超越自己的过程

不管对谁来说，自学都不是一件容易的事，自学需要坚韧不拔的毅力，而徐寿就是拥有这种毅力的人。在徐寿自学科学知识的过程中，一个朋友不得不提，那就是他的同乡华蘅芳。华蘅芳后来是近代著名的科学家，尤其擅长数学，比徐寿年小 15 岁。他俩经常在一起研讨遇到的疑难问题，然后相互启发。

徐寿在学习方法上非常注意理论与实践相结合。1853 年，徐寿和华蘅芳一同到上海探求新知识。他们当时几经辗转，登门拜访了李善兰，那时候李善兰在西学和数学上已颇有名气。他们二人向李善兰虚心求教，他们端正的学习态度给李善兰留下了很好的印象。

离开上海回家时，他们趁这次出来的机会购买了很多感兴趣的书籍，还买了很多有关物理实验的仪器。徐寿回家后按照书本上的提示，逐渐开始了探索物理的实验之路。后来徐寿为了将光学理解得更加透彻，因为买不到三棱玻璃，他就将自己的一个水晶图章磨成三角形，充当三棱镜来用，用它来观察光的七彩色谱。

徐寿就是这样，用理论结合实验的方法来攻读物理，很快，他就掌握了近代许多物理知识。

1856 年徐寿第二次到上海，读到了墨海书馆刚出版的、英国医生合信编著的《博物新编》的中译本。这本书的第一集介绍了诸如氧气、氮气和其他一些化学知识，还介绍了一些化学实验。

徐寿对这些知识和实验表现出了极大的兴趣，他决定按照他学习物理的方法，开始探究新学科——化学。他这次购买了一些用作化学的实验器具和药品，然后仔细研读书中内容，一边做实验一般读书，逐渐认知化学，且慢慢加深了对化学的理解。同时，通过反复的实验，他在化学实验方面的技巧也加熟练了。

徐寿坚持不懈地自学，实验与理论相结合的学习方法，终于使他成为远近闻名的掌握近代科学知识的学者。

徐寿的青年时代，我国没有能够进行“科学教育”的学校，也没有所谓的专门从事科学研究的机构。所以当时他说：“格致之理纤且微，

非藉制器不克显其用。”所以，徐寿如果想学习近代科学知识，只有一个方法——自学。他对知识和科学有着执着的追求，所以并不怕自学之路的种种艰苦。

致力于传播近代化学

1861年，曾国藩在安庆开设了以研制兵器为主的军械所，他以研精器数、博学多通的荐语，征聘了徐寿和他的儿子徐建寅，以及包括华蘅芳在内的其他一些学者。

徐寿是个动手能力极强的人，在学习科学知识的同时他还十分喜欢动手制作各种器具。早期他在《博物新编》一书中看到了关于蒸汽机和船用汽机方面的先进知识，因此徐寿等人在安庆军械所接受的第一项任务就是试制机动轮船。

根据书本提供的知识和对外国轮船的实地观察，徐寿等人经过3年多的努力，终于独立设计制造出以蒸汽为动力的木质轮船。这艘轮船命名为“黄鹄”号，是我国造船史上第一艘自己设计制造的机动轮船。

因为造船的需要，徐寿在那段期间亲自翻译了关于蒸汽机的专著《汽机发初》，这本书籍也是徐寿翻译的第一本科技书籍，它标志着徐寿从事翻译工作的开始。

当时，为了能够将译书的工作组织好，徐寿1868年在江南机器制造总局内专门设立了翻译馆，还招聘一些出色的翻译人员，其中有像傅雅兰、伟烈亚力等几个西方学者，还有一些相对而言比较懂西学的人，如华蘅芳、王德钧、季凤苍、赵元益等人。

就这样，他们共同努力，年复一年日复一日，最终克服了摆在眼前的诸多语言障碍，成功翻译了多达数百种科技方面的书籍。这些书籍反映了当时西方科学技术的基本知识、发展水平及发展动向，对近代科学技术在我国的传播起了很大的作用。

徐寿 1884 年去世，他这一生一共译著 13 部化学书籍和工艺书籍。其中，徐寿译的《化学鉴原》《化学鉴原续编》《化学鉴原补编》《化学求质》《化学求数》《物体遇热改易记》《中西化学材料名目表》以及《化学分原》，合称“化学大成”，将当时西方近代无机化学、有机化学、定性分析、定量分析、物理化学以及化学实验仪器和方法作了比较系统的介绍，对近代化学在我国的传播发挥了重要作用。